Bibliografische Information der Deutschen Nationalbibliothek
Die Deutsche Nationalbibliothek verzeichnet diese Publikation in der Deutschen Nationalbibliografie, detailierte bibliografische Daten sind im Internet über http.//dnb.dnb.de abrufbar

Text © 2020 by Rolf Gänsrich
Herstellung und Verlag: BoD – Books on Demand, Norderstedt

ISBN 9783751993746

Piep-Piep-Piep

Kurztexte und Gedichte von A – Z
Band 2, die nächsten Texte von N – Z und noch viel mehr

von Rolf Gänsrich

Kapitel — Seitenzahlen ohne Gewähr

1. Piep-piep-piep 6
2. Nacht des Todes 7
3. Niety Town – Winnetous Tod 11
4. „Hiddentrack" u.a. 15,19,33,37,63,89,102,122,151
5. Niety Town – die blaue Witwe 16
6. Kieselsteinweg (von Stine Klang) 20
7. Nikolausgedicht 21
8. Nix passiert 21
9. Pappnasen, Pärchen u.a. Dümmlichkeiten 25
10. Party 28
11. Peter und der Gott 30
12. Plantagen 34
13. Im Mühlengrund 37
14. Radio 38
15. Raumschiff Monkey Swing 41
16. Rückfahrt von Susanne 45
17. Schlaf ohne Folgen für Erdlinge 49
18. Schöner Wohnen 51
19. Schuhe 55
20. Sein Freund Harvey 57
21. Señoritas und Gringos 59
22. Sinniger Dialog ohne Widerrede 62
23. So viel Liebe 64
24. Soll wohl so'n Gedicht sein … 66
25. Soccer for ever 67
26. Soll an haben 69
27. Sommer, Sonne, Biotonne 71
28. Spam, Spam, Spam, spiced Ham 72
29. Spaziergang mit der Baronin 75
30. Sportschau 78
31. Straßenumfrage 82
32. Stulle mit Brot 83
33. Terrorismuswarnung 87
34. Text für Opener 88
35. Timm 90
36. Tinas Dialog 90

37. Tinas Feuerzeug 93
38. Tinas freier Tag 96
39. Tortillas 103
40. Träumen 105
41. … und der dumme Hahn … 106
42. Unfall 106
43. Ungewollte Gesprächsrunde 107
44. Unklar 110
45. Unrechtsbewusstsein 111
46. Unter Strom 113
47. Verkaufsgespräch 119
48. Verknallt in Dich 120
49. Versäumter Morgen 121
50. Verschmähte Liebe 123
51. Warum ich besser Auto fahre 125
52. Warum ich Schneefall nicht leiden kann 127
53. Warum man die FDP liebhaben muss … 131
54. Warum Männer nicht gerne Klamotten kaufen 134
55. Warum Tina nie mit mir ausgehen sollte 138
56. Was in der Zeitung steht 142
57. Was man alles machen kann 144
58. Weihnachten im Trend 147
59. Wer ist Tina 148
60. Wie ich zu Roland Kaiser wurde 152
61. Wo bleibt Paris Hilton? 154
62. Wolf 157
63. Zahnarztgedicht 158
64. Ziehen sie eine Nummer + Intermezzo 160
65. Betrachtungen über den Furz 165
66. Mit Liebe durch den Winter 167
67. Jahresbeginn-Gedicht 167
68. Dem Zeitgeist hinterher 168
69. Oh, Margarita 168
70. Kurzes Hochzeitsgedicht 169
71. Wir hatten 170
72. an den OKB (Vorläufer von Alex-Berlin) 171
73. Schlechtwettergedicht 171

74. Warum man vor der Königstadtbrauerei auf Paris Hilton, Michelle Hunziker und Katrin Bauerfeind vergeblich wartet 172
75. Jugendweihegedicht für Tessa 174
76. (wirklich gehaltene) Rede auf einer Demo 174/5
77. Gehaltene Laudatio in der Humboldt-Uni 176
78. Der Urmensch in uns 181
79. Die Burg 184
80. Bäuerlein, Bäuerlein tick-tick-tack 194
81. Denkanstoß 195
82. Holz 195
83. Frühstück auf der Bude 196
84. Ick gloobe 197
85. Mirco tot 197
86. Kürbisgedicht 198
87. Drittes Berliner Gedicht 200
88. Sgt. Pepper und die Maske 200
89. Sgt. Pepper und das Kamel 201
90. Sgt. Pepper hat Heuschnupfen 203
91. Wie es zum Schulaufsatz kam 204
92. Der Aufsatz 207
93. Die andere Geschichte Europas 211
94. Die Gurke 215
95. Gedanken 218
96. Prenzlauer Berg 219
97. selbstzerstörerische Weiten 220
98. Seltsame Momente 222
99. Voll toll 224
100. Wie wichtig wichtige Leute sind 226
101. Frühstück mit Kay-Sölve 228
102. Demokratie 229
103. Weihnachtstraum 230
104. Ein Glas Bier 230
105. Eigene Werbung 231
106. Bilder 233
107. Daten 238

Piep, Piep, Piep,

wir haben uns alle lieb!
Jeder ess', soviel er kann,
nur nicht seinen Nebenmann
(Verfasser unbekannt)

*Dies ist, bei einem „Band 2" üblich, der Folgeband zum
Band 1 und auch dieses mal gehe ich, wie bereits beim
Vorgänger, rein nach dem Dateinamen der Texte auf meinem
PC, um auch ja keinen zu vergessen. Mit Ausnahme dieses
Einleitungsvierzeilers und einem Gedicht meiner
verstorbenen Künstlerkollegin Stine Klang, ist der Rest des
Buches wiederum komplett von mir. Die Texte entstanden
zwischen 1977 und 2020. Die Texterläuterungen drum
herum sind wieder kursiv gedruckt. Die Rechtschreibung ist
weder nach altem, noch nach neuem Duden, sondern quasi
meine. Das macht eine Korrektur gerade bei Gedichten
recht schwierig. Et jibt bisher ooch keen' offiziellen Berlina-
Duden, so det die mundartlichen Textteile, jar nich
korrijierbar sind.*
*Der erste Text hier ist auch gleichzeitig der erste „N-Text"
und relativ starker Tobak. Das änderte sich ab dem zweiten
Text. Es gibt bei dieser Zusammenstellung keinen weiteren
roten Faden, außer halt diesen Dateinamen.*
*Und ja, die Texte von mir sind manchmal etwas ruppig. Die
Texte von N – Z waren indes nicht ausreichend für ein Buch,
so dass das zweite Drittel des Bandes bisher überwiegend
bis lang unveröffentlichtes und halbfertiges oder nur einem
sehr, sehr kleinen Kreis zugängliches Material enthält.
Einiges ist auch komplett neu und angelehnt an alte Ideen.
Auf jeden Fall ist zum Text jeweils immer vermerkt, wann er
von den Daten her von mir geschrieben wurde.*

***

Nacht des Todes
am 23./24./25.3.2008 - Ostern

Da liegt sie nun! Dort draußen. In einem fremden Bett, behütet von fremden Menschen, umgeben von Unbekannten. Und dabei hasste sie fremde Leute so sehr. Hasste? Nein, eher fürchtete sie sich davor.
Und nun liegt sie dort.
Allein.
Mutter!

Mein Herz will nicht begreifen, was für den Kopf längst schon klar. Mutter kehrt niemals mehr heim.
Sie lässt mich zurück, sie lässt ihren Mann zurück und meinen Bruder. Sie stiehlt sich einfach so mir nichts dir nichts davon, aus dem Leben und lässt uns zurück.

Noch vor zwei Wochen überlegte ich, wie ich auf elegantem Wege den nächsten Besuch bei ihr zu hause verkürzen könne. Es hat nicht immer alles gestimmt in dieser Mutter-Sohn-Beziehung.
Ich wollte Anerkennung von ihr, die ich nie bekam ....
und ... nun auch nicht mehr bekommen werde.
Doch dann ging alles sehr schnell. Zu schnell für meinen Geschmack.
Ich spüre noch immer das Salz der eigenen Tränen auf meinen Lippen, als vor einer Woche, morgens, der Anruf von Vater kam. "Deine Mutter ist seit heute Nacht im Krankenhaus! Sei tapfer, Sohn, ich bin es auch."

Tage danach erkannte sie mich noch an ihrem Krankenbett. Wir schöpften Hoffnung und ich sah sie schon insgeheim, nur von einem eleganten Rollstuhl gehemmt, im Garten fleißig Unkraut jäten. Und ich hörte sie schon, wie sie mir spöttisch antworten würde, auf meine Frage, ob sie nicht zu meiner nächsten Lesung kommen würde, mit den Worten: "Ich glaube nicht, dass wir DAFÜR Zeit haben."

Scheiße, wir haben uns aber auch in den letzten Jahren alle weit von einander entfernt, entfremdet, ... geistig gesehen. Und jetzt liegt sie dort, in diesem lausigen Hospital mit den überhitzten, nie gelüfteten Zimmern und stirbt.

Sie hatte letzte Nacht einen weiteren Schlaganfall, erfuhr ich. Sie ist nicht mehr ansprechbar und reagiert überhaupt nicht mehr. Ihren Körper könnte man noch am Leben halten, die Medizin ist soweit. Zehn Jahre, zwanzig, dreißig ... .Aber sie wäre nicht mehr, als eine Ansammlung einzelner, lebender Zellen, in Form meiner Mutter, der nur noch atmet, Nahrung verdaut und ausscheidet. Mehr nicht. Keine Spur mehr von intelligentem Leben. Ein Zellhaufen ohne Geist. Niemand weiß, ob sie da dann noch träumt oder Schmerz empfindet oder ob sie überhaupt noch irgendetwas von der Außenwelt registriert.
"Wollen sie das?", wurde Vater gefragt und wir drei sagten: Nein.

Nun sind die lebenserhaltenden Geräte abgestellt. Ihr Körper bekommt noch Nahrung. Mehr nicht. Und wenn sie gehen muss, geht sie halt. Man sollte nicht dem großen Manitu ins Handwerk pfuschen. Er wird sie schon zu sich holen, wenn die Zeit für sie gekommen ist.

Mein Herz verkrampft. Tränen finden ihre Bahn. An Abendessen ist heute nicht zu denken.
Nie mehr kann ich mich über sie aufregen. Nie mehr mich ihr gegenüber rechtfertigen.
In dieser Nacht stirbt sie.
Langsam.

Ganz profane Tatsachen drängen sich auf!
Nie mehr werde ich zu Weihnacht ihren leckeren Gänsebraten essen!
Was mache ich nun zu Weihnacht? Ob ich zu meinem Bruder gehen darf?

11

Wie organisiert man Vaters Geburtstag? Er hat ja bald!
Wie kann man ihn sonst beschäftigen, damit er sich nicht vor Gram mit in Mutters Grab säuft?

Und dann kommen die Selbstvorwürfe!
Warum war ich nicht netter zu ihr in den letzten Jahren? War ich nicht innerlich oft ganz schön ungerecht zu ihr? Bin ich nicht ein Scheusal, weil ich sie, wenn ich allein war, so oft in Grund und Boden verdammt habe?
Nun aber, erst in diesen Tagen, merke ich, dass ich sie liebe. Sie ist meine Mutter!

Tja, und wie geht es nun weiter? Sollte nicht Vater schnellstens aus der gemeinsamen Wohnung ausziehen?

Ich komme in dieser Nacht nicht zum schlafen. Meine Mutter stirbt in dieser Nacht. Wieder beginne ich zu schluchzen.
Die brennende Kerze im Fenster ist schon wieder herunter gebrannt. So viele Menschen sterben auf der Welt, in jeder Sekunde einer, aber in dieser Nacht ist meine Mutter dabei und mein Vater, mein Bruder und ich leiden.

Mutter stirbt.

Ich bin kein religiöser Mensch, aber in dieser Nacht bete ich für sie, bitte ich bei Gott, Allah, Manitu, Hari Krischna, beim Schöpfer darum, sie gut bei sich aufzunehmen und es ihr leicht zu machen.

Versuche mich ein wenig abzulenken und gehe unter Leute. Das Stamm-Café. Aber das Lachen der anderen scheint mir heut' aufgesetzt, falsch. Warum krepiert dieser Typ dort nicht, dieses fiese, arrogante Schwein, das schon wieder seine Frau mit einer anderen betrügt. Warum nicht er? Warum ausgerechnet meine Mutter?
Und so verschwinde ich recht schnell aus dem Lokal.

Der Rum aus meinem Kühlschrank ist eigentlich nur für medizinische Zwecke gedacht, einzunehmen bei Grippe und Darmbeschwerden. Ist jetzt nicht auch ein medizinischer Notfall?

Er schmeckt zwar, bewirkt aber nach nur wenigen Schlucken das genaue Gegenteil von dem, was er bewirken sollte. Ich werde noch trauriger.

Meine Tränen fließen nun ungehemmt.
Die Musik, die ich mir auflege, tut ihr übriges. Alles deute ich um. Überall ist Tod. Waren die Beatles nicht auch mal vier? George Harrison wurde nur wenige Tage nach meiner Mutter geboren ... und ist tot. Johnny Cash - tot, Robin Gibb - tot, Elvis - tot, Benny Goodman - tot, Glenn Miller - tot, Ray Conniff - tot, John - tot, Linda McCartney - tot ... ich bin musikalisch von Leichen umgeben.
Und meine Mutter stirbt noch immer.

Letzte Fluchtmöglichkeit für mich ist schließlich der Computer. Rauslassen, was mich bedrückt. Wort für Wort, Zeile für Zeile, Satz für Satz.
Schluchzen hebt meine Brust. Tränen rollen über die Tastatur. Die Brille beschlägt!
Ich möchte nicht so einsam sterben, wie sie, ohne vertraute Geräusche, Gerüche, Menschen um mich her.
In dieser Nacht stirbt meine Mutter!
In einem lausigen Krankenhausbett.
Allein!
Aber ich könnte jetzt nicht bei ihr sein, ihre Hand halten oder ihre Stirn kühlen. Denn ich habe Angst vor dem Tod.
Und da ich weiß, meinem Vater und meinem Bruder ergeht es genauso, deshalb liegt sie allein. Zum Glück aber dann doch nicht ganz allein. Das Krankenhaus ist von der Kirche. Somit wird der Große Geist ihr in ihrer letzten Stunde beistehen.
... Hoffe ich...
Hoffen wir!

Die Hoffnung stirbt zuletzt.
Mutter stirbt ... und ist NICHT einsam.
Sie hat Freunde und sie hat uns, die wir in Gedanken bei ihr sind.
Wenn wir ihren Tod betrauern, betrauern wir in gewisser Weise uns selbst, die wir ihren Verlust zu verkraften haben.
- - -
Sie quälte sich tatsächlich dreieinhalb Tage lang und Vaddern überwand ihren Tot nicht und folgte ihr fast zwei Jahre später.

***

Mein damaliger Kumpel Martin Miersch hatte den Mitgliedern und Dauer-Gast-Lesenden der Truppe „Diesseits im Jenseits" in der Kneipe Raumerstraße 6 den Auftrag gegeben, nachdem er selbst zwei Geschichten aus „Niety Town" vorgetragen hatte, eigene Kurztexte zum Thema zu machen. Hier folgen meine beiden Beiträge dazu.

Neaty Town – Winnetous Tod!
Am 2.6.2004 – Nachschliff am 26.7.2020

Neaty Town in der Mittagshitze. Es war 13 Uhr, und da auch in Neaty-Town die Sommerzeit durch einstimmigen Beschluss von Bürgermeister Cash eingeführt worden war, stand die Sonne also erst jetzt an ihrem Zenit und schickte ihre erbarmungslosen Strahlen herab.
Siesta!

Sheriff Miller fletzte in seinem Schaukelstuhl und hatte die Beine auf den Pfosten gelegt, an dem sonst sein Dienst-Gaul angebunden wurde. Selbst sein Colt baumelte außer Reichweite. Vor dem geschlossenen Drugstore turtelten Marie Sue Teagarden und Little Lutz in aller Öffentlichkeit bei einem Cappuccino miteinander, der Pfarrer lag mit freiem Oberkörper in seiner Hängematte auf dem, der kleinen Kirche angrenzenden Friedhof und selbst Bestatter Roy gönnte sich ein Schläfchen, indem er in einem seiner erst kürzlich gebauten Erd-Möbel, Probe lag.

Das alles sah Winnetou! Er hatte letzte Nacht immer und immer wieder Zugaben der gecoverten Songs von Marie-Lou-Carter's erster Schellackplatte geben müssen. Entsprechend müde schleppte er sich heute zum Saloon.

Das Leben tobte hier auch nicht gerade. Ein paar unverdrossene pokerten um ein Jahres-Abo für die Postkutsche und am Fenster saß die Fleisch gewordene Vorfreude aller 14-jährigen Knaben des Ortes, Molly Luft, bei einem Kribbelwasser.
Um die Stimmung aufzupeppen, wollte Winnetou sofort in die Tasten seines Klaviers hauen und sich an einem Lied von C.C.R., „Proud Mary", zu schaffen machen, als ein Fremder, den Winnetou bisher noch nicht bemerkt hatte, lässig zu ihm schlenderte.
„Hey, Indianer, kannst du auch die Ballade: ‚Die Ulaner von Makus III' spielen? Ich bin hier mit meinem Cäpt'n verabredet ... und dieser Song erinnert mich so an alte Zeiten!"
Winnetous Blick wanderte nach oben und er musterte den Fremden!

Seine Haut hatte einen kleinen Stich ins grünliche und seine Ohren liefen nach oben hin spitz zu!
„Kenn ich nicht!" sagte Winnetou. „Aber wie wär's mit dem Song: ‚Der lachende Vulkanier und sein Hund'?"
„Warum sollte ein Vulkanier lachen? Das ist doch unlogisch, ... aber sicher auch faszinierend! Also leg los!", entgegnete der Fremde, hob eine Augenbraue und wackelte mit seinen spitzen Ohren, bevor er sich wieder an den Tisch in der dunkelsten Ecke des Saloons begab, aus der er vorher auch gekommen war.

Winnetou war erst bei der 14. Strophe ... und Molly Lufts Fettfalten bebten vor lauter Lachen, als Earl, der Barkeeper, an das Kalvier trat!

„Du, Winni, da hat gerade so'n Typ was abgegeben für dich. Wahrscheinlich so'n Linky! Er trug seinen Colt auf der falschen Seite!"

Mit weit ausladender Geste deutete Earl auf den Tresen auf dem, in schönster Unschuld, ein flammender Apfelkuchen stand.

„Du sollst umgehend zu ihm an den Greacebach kommen! ... Na, nun mach schon! Hau ab!"

Winnetou sah sich um! Schon seit Stunden war er unterwegs, bäuchlings durch das Gestrüpp vertrockneter Farne kriechend.

Hier irgendwo mussten sie doch sein? ... Dammend. Immer wieder hatte er nun schon auf seinem Weg hier im Wald vereinzelte Liedfetzen gehört.

September-Verein, August-Sisters, Oktober-Club oder Beat-Brother's ... er kannte ihre Stimmen, er kannte ihre Lieder und hatte sie wohl schon tausendmal gehört ... vor langer Zeit ... als er noch Winne-Tütchen war.

Er erreichte den Greacebach, ein Rinnsal in den unendlichen Weiten der Prenzel-Mountains!

Ein merkwürdiger Geruch strömte von ihm aus. Winnetou setze sich ans Ufer, holte seinen chemischen Kolben aus dem Biologie-Unterricht aus der Gesäßtasche, tauchte ihn in die Fluten und kostete schließlich.

Mh – lecker! Da hatte wohl Festus ein wenig von seinem Feuerwasser aus der Schwarzbrennerei verschüttet.

Winnetou kostete von dem zwar stinkenden, aber dennoch reizvollen Nass aufs neue.

Er kostete und kostete ...

Als er gerade dabei war, die 97. Strophe vom Lied, „aus den Prenzel Bergen kommen wir ..." gegen den Lärm des Waldes anzugrölen, trat plötzlich eine gar traurige Gestalt in bunter Uniform hinterrücks an ihn heran.

„Wat'n los, Alter? ... Noch nie'ne blaue Rothaut jesehn?"
„No, sorry, Sir! I came gerade back from the UssR und wollte plauyen with my Kumpels, but the Hälfte is not mehr hier! ... Sind angeblich im Jenseits!", sprach der Herr in einwandfreiem, Liverpooler Akzent.

Winnetou erhob sich torkelnd! „Macht nischt, Alter. Bei mir is ooch allet durch'n nander. Weeste, meen Badeofen lässt sich jeden Abend von mir anmachen, Osama aus dem Shop in little Backdad möchte gerne auf den Bush kloppen, in Neaty-Town findet man erst Gold, dann kein Gold dafür aber Altöl, Doc Teagarden lässt sich von jedem die Zähne zeigen, Marie Sue turtelt mit Little Lutz und laufend ... ich sag dir, laufend gibt's Stricknadel-Tote bei uns!
Aba ick helf da ... hicks ... . Hab nur keen Kla-Kla-fünf bei!" Verschwörerisch starrte er in die Augen des Fremden! „Wie heißt'n?"

Allein vom Atem Winnetous benebelt parierte der sofort:
„Unteroffff'zier Pfeffer ... jestattn? ... Und das, das ist der einmalige Billy Shear's!"

Unverhofft plötzlich standen sie auf einer Bühne. ... Und Winnetou saß nicht an einem Klavier sondern er stand an einem Flügel ... er konnte Fliegen!

Im grölenden Publikum taten sich vor allem drei Personen hervor: der betäubte Edmund, der geile Giudo und die lästige Angela! Genau deren Ruf zeigte Wirkung: „Für Rothäute haben wir hier nichts übrig!
Nur Schwarz und Gelb
Bringen Geld!"

...Und da flogen sie auch schon ... die Südfrüchte ... auf die Bühne!

Von einer Banane am Kopf tödlich getroffen, sackte Winnetou in sich zusammen!

„Schöner Tod!" ... dachte er noch, „und morgen steht dann in der N.Z. ‚Blaue Rothaut von gelb-schwarzem Geschoss erlegt! Roland Koch wusste mal wieder von nichts!' ... schöner Tod!"

- - -

Neben ihm wieherte es und nach faulen Äpfeln stinkender Atem verschlug ihm denselben.

Winnetou öffnete mühsam die Augen und sah sich um!

Nein, nicht das noch! Er war wieder einmal, während eines schlechten Albtraumes, aus seinem Bett im Stall gefallen und hatte sich dabei den Kopf an einer Stricknadel aufgeschlagen!

Wütend schnarrte er seinen lahmen Gaul an, der neben ihm schnaubte:

„Du Mistvieh! Ständig deine Saufereien! Alkohol am Zügel ist zwar verboten, dass heißt aber noch lange nicht, dass du dann darfst. ... Erst vor die Apotheke kotzen und mir dann hier was vorschnarchen. Davon träum ich immer so schlecht! ... Aber, na warte, ich erzähl dir nie wieder den Witz von ‚kommt ein Pferd in den Saloon...'!"

Eines blieb jedoch für Winnetou offen! Und zwar die Frage: Wie eine Stricknadel an sein Bett im Stall kam!

***

Im ganzen Buch verteilt gibt es, genau da, wo auf einer Seite, so wie hier immer noch viel Leerplatz ist, ein Gedicht, dessen Zeilen eigentlich zusammengehören und das man in der Musik als „Hiddentrack" bezeichnen würde.

***

Niety Town – die blaue Witwe
am 6.10.2004

Aschfahles, kaltes Mondlicht schob sich durch die Wälder der Prenzel Mountains am Greece-Bach. Irgendwo erhob ein einsamer Wolf seine heisere Stimme zu einem Mark erschütternden Heulen und tanzte.

„A hard day's night" summend und ein Fässchen irischen Whiskeys polternd vor sich her kullernd, stapfte schwankend eine langhaarige Gestalt am Bach entlang.
Sein Haar schien dunkler, als die schwärzeste Nacht, seine Augen schwärzer als Kohlen, aber seine Gedanken schienen Flügel zu besitzen.

Schon an der nächsten Flussbiegung sah er im Schatten die lang aufsteigenden Schlote von Niety Town. Nur aus einem Haus drang der warme, rötliche Schein gedämpften Lichtes nach draußen. Genau darauf hielt die einsame Gestalt zu.

Als er die knarrende Tür öffnete, quollen ihm Lärm und die Gerüche nach Tabak, Moschus und Männerschweiß entgegen.
„Da biste ja endlich! Winni, du alte Hundelunge!" plärrte ihn Little Lutz an und sank in sich zusammen.
„Was will eigentlich die Rothaut hier?", grunzte eine Oma und warf ihm nicht nur lüsterne Blick, sondern auch einige Stricknadeln zu, die sich neben Winnetous Kopf in die Balken der gerade geschlossenen Tür bohrten!
„Ich dachte, ich hätte ein Date mit Witwe Bolte!" entfuhr es Winnetou kleinlaut.
„Und ich dachte, ich hätte hier ein Date mit dir!" entfuhr es dem Pfarrer, der noch nicht wusste, ob er schon heute sein „Coming out" haben sollte oder ob er sich weiterhin heimlich am Sonntag mit Mary Sue Teagarden treffen sollte, so Gott wollte.

„Lasst mich eine Rede reden und einen Toast toasten ...“ hob in diesem Moment Sheriff Miller, der wohl auch schon vom Feuerwasser genascht hatte, breitbeinig stehend, an.

Winnetou unterbrach ihn aber abrupt: „Wo ist denn nun die Witwe?“

Aber niemand beachtete ihn mehr.

Der Pfarrer flirtete mit Mary Sue Teagarden und little Lutz, Little Dave spielte allein, mit seinem Revolver, Russisches Roulette und schoss immer und immer wieder daneben, Sheriff Miller zitierte erst die Glocke von Schiller, dann die gesammelten Werke von Wilhelm Busch, um zwischendurch, damit auch alle es in Neaty Town lernten, immer wieder mal den „Kieselsteinweg“* von Stine Klang einzuflechten, Bestatter Roy versuchte unterdessen Earl, den Barkeeper aus dem Saloon einzureden, dass man in seinen Erdmöbeln am besten lag und Earl versuchte seinerseits den Bestatter von einer Todsicheren Lebensversicherung zu überzeugen.

In diesem Trubel nahm Winnetou denn auch die schmachtend auf ihn gerichteten Blicke der Oma wahr, setzte sich zu ihr aufs Canapé und ließ sich von ihr berichten, dass sie regelmäßig, immer genau nach dem 5. Whiskey im Greacebach das Ungeheuer von Loch Ness sah. Schließlich, nach einem gehörigen Humpen Feuerwasser, nahm Winnetou Federschmuck und Perücke vom Kopf und amüsierte sich mit der Oma, ... die ihn wunderbar mit ihren Stricknadeln kitzelte.

Witwe Bolte war von allen vergessen.

Im Drugstore rumorte und polterte es. Der Hund im Haus gegenüber lauschte erst, dann erhob er sich, schob seine kalte, feuchte Nase in die nackten Kniekehlen seines Herrchens und fiepte in hohen Tönen.

Das Gepolter im Drugstore war unterdessen verstummt.

Aber der Junge war schon wach! Schlaftrunken raunzte Jeff in die Stille: „Lass das, Lassie! Wir gehen morgen Fury und

Flipper besuchen!", drehte sich um, und schloss wieder die Augen. Auch der Collie legte sich wieder, beruhigt, auf seine Matte.

Zwei weitere Gestalten, die durch das nächtliche Neaty Town geschlichen waren, hatten bei dem Gepolter im Drugstore, mit den Worten: „Tschock To!" gemacht, dass sie wegkamen, denn Klingonen hatten, auch wenn man Nachrichten auf Klingonisch nun bei der „Deutschen Welle" hören konnte, Klingonen hatten in Neaty Town nun wirklich nichts zu suchen!

Die Party im Hause der, noch immer verschollenen, Witwe Bolte verebbte.

„Is wohl nischt mehr zu trinken da?" fragte Earl, der Barkeeper, klapperte lautstark mit seinen Schlüsseln und setzte hinzu: „Ich hab noch selbst gebrannten Pfefferminzlikör bei mir im Keller!"

Das ließen sich die anderen nicht zweimal sagen und verließen fluchtartig Witwe Boltes Haus, um überfallartig im Saloon einzukehren.

Es dämmerte bereits im Osten, als die Witwe heimkam und ihr verwüstetes Haus sah. Dem Lärm, den ihre Ohren aufschnappten, folgend, torkelte sie zum Saloon hinüber.

Von der Schwingtür her bot sich ihr ein tolles Bild!
Winnetou saß mit Stricknadeln im Haar am Klavier, die Oma auf dem Schoß, und klimperte: „Siebzehn Jahr, blondes Haar!", Bestatter Roy lag in einem seiner Erdmöbel und schlief friedlich, Little Lutz und Mary Sue Teagarden tauschten beim Knutschen hinterm Klavier ihre Zahnspangen aus, Earl, der Barkeeper, versuchte vergeblich Lassie eine todsichere Lebensversicherung aufzuschwatzen und Sheriff Miller zitierte gerade:
„Es fackelt schnell
der Fackelmann
brennt man ihm Hut
und Fackel an!"

Nur der Pfarrer, unter einer FDJ-Flagge verborgen, beachtete sie!

„Was'n mit dir los, Witwe?" lallte er!

„Ich hoab mich im Drugstore verlaufen!"

„Man, du stinkst ja aus'm Maul, wie ein siebenstöckiges Freudenhaus!", aber sie roch eigentlich sehr lecker!

„Ich wollt uns einen Prosecco holen!" flötete die Witwe!

Der Pfarrer starrte auf die Flaschen, die ihm die Witwe, die unterdessen zu ihm unter die FDJ-Flagge gekrochen war, entgegenhielt.

In großen, Lateinischen Lettern stand darauf:

„Her-Ba-Zit – Haarwasser!"

Winnetou erwachte im Stall, weil ihm etwas in die Kehle stach!

Eine Stricknadel war gerade dabei, sich ihm in den Hals zu bohren!

„Mensch....",dachte Winnetou laut, „...meine Träume werden auch immer realistischer!"

Sein Gaul wieherte neben ihm.

„Und du...", blaffte er seinen Gaul an, „....säufst in Zukunft Wasser und nicht dauernd mein Herbazit!"

Als er sich auf seinem Bärenfell aber umdrehte, um sofort wieder einzuschlafen, träumte er kunterbunte, lustige Träume von Marie Sue mit einer zuckersüßen Zuckerstange zwischen den Lippen, der Oma mit einer Banane im Mund und seinem Gaul mit einem Fläschchen Strychnin zwischen den Zähnen!

***

Hiddentrack
am 22.8.2020

Es gibt ja oftmals diese Enden,
ich mein jetzt nicht die meiner Lenden,

* „**Kieselsteinweg**" war ein Gedicht von Stine klang, das in jeder Veranstaltung, in der sie anwesend war, das war ab 2005 – 2010 unsere Lesebühne „die Be-Ton-Werker", von ihr gelesen wurde. Leider ist Stine vor einigen Jahren verstorben.

In Absprache mit ihren Erben und ihrer Schwester, darf ich ihr Gedicht in diesem Band hier verwenden. Es ist die einmalige Ausnahme, dass ich einen fremden Text in meinen Büchern abdrucke!

Kieselsteinweg
von Stine Klang

Wer suchte nicht
den Kieselsteinweg des Glücks,
den ewigen, emporsteigend in Nichts.

Wer suchte nicht
unter hunderten einen
bunten, strahlenden, einzigen
Seinen

wer lief nicht
über den Kieselsteinweg,
vergessen das Lachen,
das vorwärts trägt.

Wer lässt voraus eilen
die Wärme des Herzens;
kollernd lachend
den Herzschlag des anderen erreicht
gewaltige Welle des Glücks
den Kieselsteinweg überschlägt
Steine der Härte zerreißt.

***

Nikolaus-Gedicht
aus OKbeat Nr. 369 vom 6.12.08

Oh Nikolaus, Oh Nikolaus,
Ich war heut' leider nicht zu Haus
Und meine Stiefel stinken sehr,
Nach Fußschweiß und wohl auch nach Teer!
Oh bitte, komm noch mal vorbei!
Ich schenk dir auch ein Oster-Ei!

***

Nix passiert
am 1.2.2006

Die Woche begann ganz harmlos. Noch am Sonntag war ich nicht aus dem Bett herausgekommen. Fernsehen, Schokolade und Schlafen ... was für eine günstige Kombination.

Als ich am Montag erwachte, war irgendwie alles anders. Morgens um 8.oo Uhr machte Antje mit mir Schluss, eine Stunde später hatte ich von meiner Nachbarin Marusha eine Einladung zum Candle-Light-Dinner. Ich wusste nicht, was von beidem schlimmer war.
Aber mein Zehn-Uhr-Termin bei meiner Neurologin ließ mich erst einmal nicht wirklich zum Nachdenken kommen. Dafür dachte sie für mich. "Das dachte ich mir schon, dass sie noch keine Arbeit haben. Na, die vom Jobcenter sind ja auch doof.", sagte sie mir, als ich nach gut zwei Stunden Wartezeit, trotz Termin, endlich in ihr Behandlungszimmer durfte.
All zu lange plaudern durfte ich mit meiner Neurologin aber nicht, denn mir saß schon mein 14-Uhr-Termin im Nacken, meine Psychologin, die mich dann auch prompt mit den Worten begrüßte: "Sie sehen heute ja ganz schön schlimm aus!"

Da ich nach diesem einstündigen Gespräch vom heutigen Tage genug hatte, begab ich mich umgehend nach hause, legte mich ins Bett, aß Schokolade und sah fern. Schlimmer konnte diese Woche eigentlich nicht mehr werden ... glaubte ich.

Der Dienstag war ein schöner Tag. Er war sonnig und so beschloss ich, noch gut gelaunt, Frau Müller im Jobcenter zu besuchen. Ich hatte da mal vor Wochen irgendwelche Unterlagen, genau drei, abgegeben und nur auf eine Sache hatte ich bisher eine Antwort. Als erstes sprang das Auto, dass ich schon seit einer Woche nicht mehr benutzt hatte, nicht an. Offenbar die Batterie im Eimer. Bei der Saukälte der letzten Tage kein Wunder. Beim öffnen der Motorhaube stellte ich dann aber fest, dass auch noch der Kühler geplatzt war. ... Dabei hatte ich doch Antje , schon vor Tagen gebeten, in ihrem Wagen, denn es war ihrer, mal nach dem Frostschutz zu sehen.
Na gut, auch mit dem Fahrrad war ich noch um 8.oo Uhr im Jobcenter. Ich weiß nicht ... nur bei mir ist die Schlange immer so lang ... Buchstabe A – I über 25....! Erst steht man anderthalb Stunden, um im Wartezimmer einen Platz zu ergattern, dann sitzt man dort nochmals eine halbe Stunde, bevor man dann zu einem Fallmanager kommt. Ich wusste auch ohne dem, dass ich noch weiter zur Leistungsabteilung musste, aber die Wege des Amts-Schimmels muss man nun mal mit latschen.

Wie erwartet überwies mich der Fallmanager aus der 1.Etage in die Leistungsabteilung in der 4. Etage. "Sie werden dann dort namentlich aufgerufen!", sagte er mir.
Um kurz vor zehn betrat ich den Wartebereich der Leistungsabteilung und wartete ... so wie andere auch. Nach gut drei Stunden wurde ich allmählich darüber stutzig, dass nach und nach immer mehr der Leute aufgerufen wurden, die nach mir angekommen waren. Aber, naja, sowas kann ja mal vorkommen, vielleicht haben die ja auch so ihre

speziellen Bearbeiter und ich hoffe doch auch auf meine Frau Müller, dachte ich mir. Gegen 13.30 Uhr sprach ich dann mal eine Amtsperson an, die mir im vorbei gehen antwortete: "Ja, kann schon mal sein, dass hier einer vergessen wird."

Ach, dachte ich, sowas passiert doch immer nur den anderen. So etwa um viertel nach zwei wurde ich dann doch etwas unwirsch, zumal ich der vorletzte war, der im Wartebereich noch wartete, und auch mein Magen knurrte. Erneut wagte ich mich an eine vorüber eilende Amtsperson heran mit meiner Frage und schon kurz vor 15 Uhr, nach nur sieben Stunden auf dem Amt, konnte ich mein Problem einer Amtsperson auch vortragen. Zwischen Fallmanager unten und Leistungsabteilung oben war übrigens wirklich mein Name abhanden gekommen. Man hatte mich vergessen. Vergessen hatte man auch zwei der Unterlagen, auf deren Bearbeitung ich so sehnlichst gewartet hatte. Eines der Dokumente, die ich abgegeben hatte war zwar vorhanden, aber, aus irgendwelchen Gründen auch immer, einfach nicht bearbeitet worden, das andere Dokument fehlte komplett. Aber, sowas passiert ja immer nur den anderen.

Nachdem dies geklärt war, wollte ich eigentlich nur noch nach hause, in mein Bett, fernsehen und Schokolade essen, aber kaum hatte ich meine Wohnungstür endlich hinter mir geschlossen, als auch schon meine Nachbarn Udo und Bettina bei mir läuteten. Sie hatten etwas merkwürdiges in der Betriebskostenabrechnung vom letzten Jahr durch unseren Vermieter festgestellt und fragten nach, ob wir das mal zu dritt nachrechnen könnten. Die halbe Nacht schlugen wir uns damit um die Ohren, zu begreifen, warum die Leistungen, die der Hausmeister erbracht hatte, immer zweimal abgerechnet wurden. Selbst wenn man die doppelte Buchführung mit bedachte, wurde der Hausmeister immer zweimal abgerechnet. Außerdem kamen wir übereinstimmend zu dem Schluss, dass irgendwer in den letzten zwei Jahren klammheimlich 500 Quadratmeter Wohnfläche geklaut haben musste. Ende 2003 waren die noch da, ende 2004 plötzlich nicht mehr, ... wodurch sich die Betriebskosten ja anteilig, umgerechnet auf die Wohnfläche jedes einzelnen natürlich erhöhten. Alles klar?

Genervt von diesen zwei Tagen, an denen nix passiert war, wollte ich am Mittwoch nur mal schnell um die Ecke zu Penny, ein paar Schnitzel und Schokolade holen, um den Rest des Tages mit Schokolade im Bett vor dem Fernseher zu verbringen.

Ich legte mich mit der Verkäuferin an der Kasse an. Ich war der Meinung, ich hätte ihr einen größeren Geldschein gegeben, als den, auf den sie mir herausgab. Nun wollte ich mich mit der Dame auch nicht bis aufs Messer streiten und gab schließlich klein bei, allerdings merkte ich dann zu hause, dass ich doch im Recht gewesen wäre.

Als ich meine Einkäufe dann auspackte und die Schnitzel aus dem SB-Karton entfernten wollte, merkte ich, dass das Mindesthaltbarkeitsdatum der Packung schon seit gut drei Wochen abgelaufen war. I-i-ihh Ekelfleisch! Fleisch, das schon wieder lebte, hatte ich bislang noch nie gegessen und hatte es auch nicht vor, jemals zu tun, obwohl sicherlich Maden auch eine gewisse Eiweißquelle darstellen.

Um es kurz zu machen, am Donnerstag versöhnte ich mich wieder mit Antje, die sich beim Treppen steigen am Mittwoch ein Bein gebrochen hatte, am Freitag besuchte ich, nach einem Verkehrsunfall meinen Papa im Krankenhaus, am Samstag brannte es im Nachbarhaus in einer Wohnung, in der vorher jemand umgebracht worden war, die Polizei suchte Zeugen, und am Sonntag gab mein Fernseher seinen Geist auf.

Als ich am Montag wieder bei meiner Psychologin aufschlug, schlug die die Hände über dem Kopf zusammen: "Sie sehen ja schrecklich aus! Was ist denn los bei ihnen?" "Ach", sagte ich, "eigentlich ist letzte Woche nix passiert!"

***

Pappnasen, Pärchen und andere Dümmlichkeiten
Zusammengestückelt aus mehreren Textteilen aus unterschiedlichen Zeiten am 24./25./26./27.1.09! Die Absätze sind oft zu ganz unterschiedlichen Zeiten entstanden. Ich bring das mal in Reihenfolge: 18.1.09, 20.1.09, 24.1.09, 31.12.06, 24.1.09, 6.11.06, 24.1.09

Ich mache auch heute, in freihändiger Moderation, mal einen Test! Ich sende Euch ein Testsignal. ......püüüüüp
Und wenn ihr dieses Testsignal hört ... püüüüp ... wisst ihr, dass Ihr noch immer bei den Crazy Words dabei seid!

Ich weiß nicht. Beim Computer ist das so einfach. Wenn ich aus dem Internet raus will, fragt er mich: „Verbindung trennen? Ja? Nein?" ... ein Klick und es ist geschehen. Wenn das mal im wirklichen Leben so ginge. „Verbindung trennen? Ja? Nein?" „Verbindung aktivieren? Ja? Nein?"
Wenn das mal so bei Beziehungen ginge! Das Leben wäre doch so schön. Als Single kauft man viel entspannter ein, man braucht sich zu hause nicht mit dem Fernsehprogramm abzustimmen, oder zu welchen Freunden man geht, falls man als Paar überhaupt noch gute Freunde hat!

Immer zu den Feiertagen treten sie in der Öffentlichkeit gebündelt auf: Pärchen! Das ganze Jahr hinweg flüchtet er ins Fitness-Studio und sie in die Volkshochschule zum Selbstfindungskurs beim Ikebana, aber am Samstagabend und ganz massiv kurz vor beziehungsweise zwischen den Feiertagen, treten sie dann plötzlich in ihrer gemeinsamen Rolle als Pärchen auf. Küsschen hier, Küsschen dort,

Küsschen in der Schlange an der Supermarktkasse, Händchen haltend beim gemeinsamen Einkaufswagen schieben. ....

„Wir brauchen noch Creme-Fráiche, ... Schatz!"

Frage mich dabei immer, woher diese hässlichen Kerle solche tollen Frauen aufreißen? So hässlich, wie ich mich fühle, müsste ich gleich zwei Paris Hiltons haben! Aber nein, das Froschgesicht neben mir, mit den vielen Pickeln oder das Babyface mit der Akne, wird von irgendeinem Häschengesicht angehimmelt! „Ich hol uns noch Champagner ... Schatz!"

Wieso macht die das bei dem? Vor dem Kühl-Regal mit dem gesunden Bioghurt blockieren sie drei Meter, den engen Gang mit den Bio-Lebensmitteln und den Sonderangeboten im Mittelteil blockieren sie gleich ganz. Bio soll gesund sein und so glaubt er, es steigere auch die Potenz. Und während dieses hasengesichtige, süße Etwas, das auch noch Grips im Kopf hat, ihm fisplig erklärt, dass Bio IMMER gesund ist und was es für die Umwelt tut, währenddessen will er sie eigentlich jetzt und hier nur knallen.

Genauso ist es im Sommer! Kaum ranzen im Stadtpark die Wildsäue und vögelt der Kuckuck seine Kuckkückin, sind auch die Paare wieder auf der Liegewiese und im Schwimmbad aktiv.

Geht man bewusst als Single allein da hin, kommt man sich unweigerlich wie ein Voyeur vor. Hier Küsschen, da Händchen, dort Brüstchen. „Kannst du mich mal einschmieren?", hört man es und man sieht, wie sich so ein Pickelgesicht über makellos glatte Haut beugt, oder das Gegenteil, wie ein Typ Brad Pitt sich an nicht -cellulite freier Orangenhaut vergeht. Und man hört Sätze an Kinder gerichtet, wie: „Kai-Uwe, lass doch mal den Herren da in Ruhe!" und auf mich zeigend, „Der ist sicher nicht zum Spaß hier." Nein, wahrlich, Spaß ist das für mich nicht.

Wie kommt es, dass die da zusammen sind. Er wurde doch nicht mit dem Arm um sie herum geboren? Und sie würde doch viel besser zu mir passen!

Da finde ich es angenehmer, in ein Internetcafé zu gehen. Da sitzen alle alleine. Wobei sich da aber die Jugendlichen oft nicht halten können und sich in ellenlangen Monologen gegenüber ihrer Clique darüber auslassen, wer ihnen was bei Jappy geschrieben hat, warum jetzt Nancy-Lee mit ihnen sauer ist, welche heißen Gästebucheinträge Shirley-Jane macht und ob „Paul" auch ein richtiger Name ist.

Erwachsenen-Qualifizierung ist aber auch nicht einfacher! Da gibt's garantiert diesen Typen Matze Wummerfinger, der bestimmt noch die erste, vielleicht die zweite, aber auf gar keinen Fall mehr die dritte Woche diesen Kurs durchhält. Er zeigt ein winziges Bildchen auf dem Display seines Handys, ein Dobermann sabbert im Vordergrund, irgendwo hinten sieht man eine wabbelige Brust unter einem uralten, ausgeleierten T-Shirt und den Teil eines weiblichen Gesichtes. "Ey, kennste meine Alte? Geil wa?" Matze Wummerfinger sitzt im PC-Erweiterungskurs des Arbeitsamtes garantiert neben dir. Er ist seit gut zwanzig Jahren mit ein und derselben Frau verheiratet, zum Glück für die Umwelt bislang ohne Kinder und hat irgendwann schon mal auf irgendeinem PC seinen Lebenslauf nach System Adler, so mit einem Finger von oben herab, getippt, ansonsten spielt er Nintendo. "Eh, was passiert'n wenn ich die Eingabetaste drücke?" "Dann gibst du einen Befehl!" "Ey geil ey, ... aber bei meiner Frau ist das irgendwie anders!" Logisch! Eine Frau kann man auch schließlich weder mit Enter noch mit dem Affengriff gefügig machen! Aber seine Alte ist geil, wa?

Aber all das versöhnt mich, ahne ich doch, dass nach Matze Wummerfingers Ausscheiden aus diesem Kurs vielleicht doch noch Sabinchen, lange Beine, Hasengesicht, genauso viel Masse im Körbchen, wie in ihrem Kopf, auftauchen wird. Und die ist dann wirklich „geil, wa?". Das wird ein Spaß! Im Supermarkt den Biobereich blockieren, im Strandbad Spanner beobachten und auf der Party so lang nicht die Hände von ihr lassen, bis alle Singles sabbern! Das Leben kann so schön sein!

Aber eine Frage hab ich noch! Früher hieß das „Fräulein vom Amt", also die, die in der Telefonzentrale der Firma die Verbindungen herstellte, „Klingelfee". Heute sitzen diese Damen, so es sie noch gibt, am PC. Heißen diese Sekretärinnen nun „Computer-Maus"?

***

Party
am 15.2.08 / stark überarbeitet am 20.2.08

Vor kurzem wollte ein netter Nachbar, gerade 24 Lenze jung und zum ersten male Mamas Kochkelle entflohen, eine kleine Party mit ca. fünfundzwanzig bis sechzig Gästen in einer unserer äußerst geräumigen und komfortablen Ein-Zimmer-Wohnungen mit knapp 32 Quadratmetern Wohnfläche veranstalten. Nicht brunchen war die Idee sondern Party am Freitagabend. Und ich war, ob der zu erwartenden Ruhestörung, stinke sauer!
Also verfasste ich einen kleinen Text mit vielen anderen Gründen, die eine Party auch noch rechtfertigen würden und hängte ihn neben das Plakat mit der Party-Ankündigung im Hausflur. Keine dreißig Sekunden später warf mir meine Tina das Schreiben wütend in die Fresse: „Willste hier schon vor der Party Stunk machen? Aufregen kannste dich immer noch dann, wenn du wirklich durch die jungen Leute gestört wirst!", fauchte sie mich an.
Und so behielt ich den Text im Computer und habe ihn jetzt hier:

Scheiß Party! Geht nicht brunchen?
Bei einer Party, die um 21 Uhr beginnt, kommen die ersten
Gäste frühestens um 23 Uhr, was heißt, die Party geht bis
zum Morgengrauen!

Wir sind im Haus ca. 54 (in Worten: vierundfünfzig)
Mietparteien mit ca. 80 Mietern. Da reicht das Jahr mit den
Wochenenden ja nicht einmal für alle Mieter-
Geburtstagspartys aus! Außerdem gibt es ja noch weitere
Jubiläen und Anlässe, die man so feiern kann, wie zum
Beispiel: der 44.Todestag von Onkel Otto, das erste mal im
Leben Sex, die Einweihungsparty des Gästebettes, der
Geburtstag von Donald Trump, die Wiederwahl von Angy
Merkel, das 5.555 Besäufnis, die Jugendweihe von Tante
Karin, der Einberufungsbefehl zur Bundeswehr, die
Veröffentlichung der eigenen intimen Beichten in der Bild-
Zeitung, den Sieg des deutschen Beitrages beim Eurovision-
Song-Contest, das vorläufig letzte mal im Leben Sex, die
Reinkarnation von Charly Chaplin in Form einer neuen
Kaffeemühle, die man sich leistete, den Lotto-Gewinn von
3,50 €, den neuen Arbeitsplatz, den zweiundzwanzigsten
Arbeitstag, den man im neuen Job durchgehalten hat, die
Kündigung aus dem neuen Job nach genau drei Monaten
Probezeit und einer Null-Bezahlung. das Abi, den Beginn
des fünfzigsten Semesters Germanistik, die erste
Niederkunft, die zweite Niederkunft, die Hochzeit des
besten Freundes, den negativen Vaterschaftstest, den
positiven AIDS-Test, den Prozessgewinn gegen unseren
Vermieter, den zehnten bekloppten Mieter, der innerhalb
eines Jahres in die Nachbarwohnung einzieht, den fünften
Enkel des um Jahre jüngeren Bruders, die Geburt weiterer
Blackmolly's, das alljährliche Inkrafttreten der ärztlichen
Gebührenbefreiung, den kompletten Verkauf der eigenen
Cannabis-Plantage, den 1.231-ten Tag ohne Zigarette, den
1.232-ten Tag ohne Zigarette, den Jahrestag des Baus der
Berliner Mauer, den nächsten verhafteten Manager, die
Veröffentlichung der ersten eigenen Mohammed-Karrikatur,

Bin Ladens Geburtstag. die Enttarnung des ersten Nachbarn als BND-Spitzel, die Enttarnung des zweiten Nachbarn als BND-Spitzel, den noch immer funktionierenden analogen Hörfunkempfang, Heidi Klum's Figur nach ihrem nächsten Baby, Den Einschlag eines dreißig Kilometer großen Meteoriten über ....

***

Peter und der Gott
am 12.11.04

Es war helllichter Tag. Peter saß in seinem Stamm-Café. Er genoss seinen Latte Macchiato, las in einem guten Buch und knabberte gerade an einem Krümel-Keks, als eine grauhaarige Gestalt durch die Tür des Cafés schlurfte.

‚Oh, bitte nicht auch noch hier!', dachte Peter, ‚Immer diese lästigen, muffelnden Obdachlosen. Die lungern doch schon vor S-Bahnhöfen, vor Supermärkten, an Straßenecken und am Helmholtzplatz herum ... und betteln jeden an!'

Der alte Herr kam direkt auf Peter zu. Obwohl der Mann etwas ruhiges, sonniges ausstrahlte, roch er doch ziemlich vermodert.
Der Greis sprach Peter unvermittelt an: „Darf ich mich zu dir setzen?" Peter brummte ein, nur widerwilliges „ja" und der Alte ließ sich nieder.
„Ich bin Gott!", sprach der Mann. „Du darfst mich Sam nennen." Weiter tat er nichts.

Peter beugte sich vor: „Also, deinen ‚Wachturm' wirste bei mir nich los, Meesta!"
Der Alte strahlte förmlich vor Güte: „Junge, ich will dir nichts verkaufen! Ich bin Gott und wollte dich nur mal persönlich kennenlernen." Er lächelte tiefgründig.

Peter starrte in seinen Milchkaffee und sinnierte. ‚Gott sitzt mir also gegenüber. Was will Gott von einem Ex-Kommi, einem eingefleischten Atheisten? Was macht man in so'nem Fall? Spendiert man ihm einen Kaffee oder steckt man ihm eine echte kubanische Cohiba-Zigarre ins Gesicht, oder was?' „Willste'n Bier?", fragte Peter sein Gegenüber unvermittelt.

„Danke nein,", sagte Gott, „mein Magen verträgt keine Kohlensäure mehr. Aber du kannst mir einen Yogi-Tee bestellen."

Peter grübelte weiter. ‚Gott trinkt Yogi-Tee.' „Sie sind also Gott?" Stellte Peter fest. Mit einem langgezogenen „Jaaa,...." antwortete der Alte. „Aber, sag ruhig ‚DU' und Sam zu mir, ... das ist in der Öffentlichkeit weniger auffällig, weißt du!"

Verschwörerisch sah Peter dem Alten tief in die Augen: „Dann sag mir mal, du, Sam, wie hast du das mit der Erschaffung der Erde innerhalb von nur sieben Tagen so geschafft?", fragte er.

„Ach," sagte Gott, „das sind doch alles nur Märchen und Legenden. Genauso wie die Geschichte von Adam und Eva, vom Paradies und von der Kreuzigung Christi!" Der Greis lachte: „Da war ich noch jung! ... Ha-ha ... Ich wollte mich damals doch nur interessant machen, weißt du!"

Während der Yogi-Tee serviert wurde, hakte Peter nach: „Und was willste nun hier?"
Der Alte strahlte übers ganze Gesicht: „Ich wollte mal wieder die Basis kennenlernen, wissen, was auf der Welt so los ist."

Peter blickte wahrlich ungläubig. „Ich dachte immer Gott ist in uns selbst?"
„Auch eines von diesen Märchen. Junge, ich sitze vor dir! Wie, in aller Welt, kann ich dann in dir sein?"

„Bin ich von dir auserkoren, dein Wort zu verkündigen?",
fragte Peter. „Du, Sam," Peter ereiferte sich langsam, „ich
habe bei alex-berlin eine hübsche, kleine Radio-Show! Du
kannst jederzeit kommen!"

Gott schüttelte den Kopf. „Danke für das Angebot, Peter,
aber das machen doch schon die ganzen ollen Pfaffen." Gott
kam ins erzählen! „Viele denken, sie seien hohe Priester und
müssten mein Wort verkünden. Sieh dir mal diesen
dämlichen US-Präsidenten an. Der denkt, er könne die
Leute im Irak mit Gewalt bekehren, dabei steht doch in
meinen zehn Geboten, es waren ursprünglich übrigens
dreizehn Thesen, ‚du sollst nicht töten' ... und außerdem, du
merkst es ja heute selbst, Gott hat viele Namen. Manche
nennen mich Allah, manche Buddha, und du darfst mich
Sam nennen. Aber das haben einige ja bis heute nicht
kapiert."

„Wie war das eigentlich damals mit John Lennon?", fragte
Peter, „War der vom Teufel besessen?"
„Ach," sagte Gott, „den Teufel gibt's genauso wenig wie
den Weihnachtsmann. Auch so ein Märchen. Aber Lennon
hatte damals recht! An einem gewissen Punkt der
Geschichte waren die Beatles weltweit bekannter als ich! ...
Gerade unter den jungen Leuten."

So philosophierten sie noch den ganzen Nachmittag lang, ...
über Atomkraftwerke, über das expandierende Universum,
über den Urknall, über die Klima-Erwärmung, über das
schlechte Fernseh-Programm, darüber, warum Jeanette
Biederman so scheiße singt und so mies schauspielert, was
die deutsche Bundesregierung so alles falsch macht und was
die Opposition alles noch falscher machen würde, sie
lästerten über die neue Damenmode ... . Sie
philosophierten schlicht weg über Gott und die Welt.

Es war schon eine Stunde nachdem normalerweise die Dämmerung herein brach und in der Stadt die Straßenlaternen und Leuchtreklame anfingen zu schimmern, als Gott sagte: „So, Junge, ich muss wieder los. Wenn der Chef nicht in der Firma ist, tanzen die Mäuse ums Haus ... oder so. Du siehst ja," er zeigte auf Peters Armbanduhr, „es müsste draußen schon längst duster sein."

Peter verstand. „Darf ich dir denn deine Yogi-Tees bezahlen?"

Gott nickte, dann stand er auf, verabschiedete sich von Peter und flüsterte ihm verschwörerisch zu: „Eines wollte ich dir noch sagen, Junge, du brauchst dir für deine persönliche Zukunft keine Sorgen mehr zu machen!"

Damit drehte sich Gott um und schlurfte, so wie er gekommen war, wieder durch die Tür des Cafés nach draußen.

Keine zwei Minuten später herrschte in der Stadt Nacht. Leuchtreklame, Laternen und Sterne schimmerten und ließen einen verwirrten Peter in einem Café zurück.

Und Peter hatte Gott .... äh ... Sam, kennengelernt.

- - -

So, Liebe Zuhörer, nachdem nun Gott in diesem Buch war, bleibt mir nur noch zu sagen, dass ich im Hörfunk nun Janis Joplin mit ihrem „Mercedes Benz" nachsetzten würde!

- - -

Das ganze basiert auf einem ungewöhnlichen Erlebnis. Zwei Tage vor meinem Suizidversuch 2003 begegnete ich Sam tatsächlich. Und zwar in dem kurzen Zeitraum zwischen Schlaf und Erwachen. Und er gab mir genau diese Botschaft von oben mit!

***

wo gelegentlich ein Text
mich von der Länge her versetzt

Plantagen
am 9./16.12.06

Die Drogenbeauftragte der Bundesregierung kochte innerlich vor Wut. Nicht genug damit, dass die Gegner von Gen-Mais ständig Felder verwüsteten, auf denen man Experimente im Gen-Mais-Anbau machte, bei denen der Mais bereits am Stängel zu astreinem Bourbon-Whiskey vergären sollte! Nein! Ständig hob die Polizei auch Plantagen mit Cannabis aus! Wie sollte da Kanzlerin Merkel noch einen klaren Kopf bewahren?

Vorsichtig öffnete die Drogenbeauftragte die vor ihr auf dem Tisch stehende Rotwein-Flasche und goss sich ein Glas davon ein. Im Nebenraum begann Gegröle: „Lebt denn der alte Holzmichel noch, Holzmichel noch, Holzmichel noch ..." Sie schmunzelte. Da war wohl die, erst für nächste Woche avisierte Testlieferung der Thüringer Öko-Spiritus- & Kloster-Frau-Melissen-Geist-Werke bereits heute eingetroffen und ihre Angestellte schon längst bei der Verkostung! Fleißiges Mädel, dachte sie, nahm ihr eigenes, gefülltes Rotweinglas und hob es schräg gegen das Sonnenlicht. Dunkle Flocken hoben sich deutlich vom Rubinrot des Hintergrundes ab. Sie kostete. ... Bu-ääähh! ... Nun gibt es liebliche Weine, aus freundlichen Lagen und äußerst herbe Weine aus eher herben Lagen. Sie griff zu einem Stift und füllte den der Flasche beiliegenden Fragebogen aus. „Als Säuglingsnahrung ungeeignet! ... Vorschlag: versetzen sie ihn mit dem Frostschutzmittel Glykol und verkaufen sie ihn in Portunesien an englische Touristen oder verscherbeln sie die Charge an Schneekoppe als roten Sauerkrautsaft!"

Nur eine Stunde später, die Drogenbeauftragte hatte inzwischen getestet, dass dieser Rotwein, mit Malzzucker versetzt, kurzzeitig ultrahocherhitzt und zu zwei dritteln mit Falckner-Whisky gemischt, doch noch schmeckte, läutete sie für sich und ihre Angestellte, die kaum noch ihren eigenen Namen lallen konnte, die Mittagspause ein. In der Bundestagskantine konnte man an diesem Tag zwischen Hirschsteak in Rotweinsoße, Biersuppe mit Vogelbeeren-einlage, oder, für den besonderen Kick danach, Rinder-Stammhirn auf Fliegenpilzcreme wählen.

Auf dem Weg zur Kantine begegnete dem Team rund um die Drogenbeauftragte der Regierung Bundeskanzlerin Merkel in Begleitung von Arbeitsminister Müntefehring und Gesundheitsministerin Ulla Schmidt. Schnell wurde die Drogenbeauftragte darüber informiert, dass man soeben DAS Mittel gegen die zu hohe Arbeitslosigkeit in Mecklenburg-Vorpommern gefunden habe, die Drogenbeauftragte müsse nur noch zustimmen.
Der Plan sah vor, an allen Schulen und Kindergärten dieses Bundeslandes für Kinder die Nicht-Nichtrauch-Pflicht einzuführen, was erstens den Tabakpflanzern im Meck-Vorpomm zugute käme, die somit mehr Leute einstellen müssten und zweitens würden durch das frühe Rauch-Eintrittsalter im Bundesland auch nicht mehr allzu viele Menschen ins Rentenalter eintreten, was zu einer erheblichen Verjüngung der Bürger in Meck-Vorpomm führen würde.
Gleichzeitig schlug Frau Schmidt vor, das Insulin einkommensschwacher Diabetiker nicht nur mit einer hohen Vergnügungssteuer zu belegen, sondern Arbeitslosengeld-II-Empfänger sollten sich künftig ihr steuerlich erhöhtes Insulin auch noch selbst finanzieren, was gleichfalls zu einer erheblichen Verjüngung der Bevölkerungszahlen führe.

Fast zu einem Eklat kam es dann IN der Kantine des Reichstages, als Bundesinnenminister Schäuble Wirtschaftsminister Glos anfuhr ... mit den Worten: „BASF soll sofort seine Lösungsmittel-Produktion hochfahren, denn mein BND schnüffelt nicht genug!"

Nach einem ebenso schmackhaften, wie ausgelassenen Essen traf sich die Drogenbeauftragte mit ihrer Mitarbeiterin und Außenminister Steinmeier im Kanzlergarten bei einer guten kubanischen Cohiba zwischen den Mohnbeeten, um die Frage zu erörtern, ob der Bundestag für seine rauchenden Angestellten wirklich Mallorca als Raucherinsel erwerben solle. Familienministerin Von der Layen stimmte dem schon aus Familienzusammenführungsstechnischen Gründen zu. Nur Mallorca selbst wollte das noch nicht, aber wozu gäbe es schließlich Verteidigungsminister Jung mit seiner Bundeswehr! Grundwehrdienstleistende fielen ja ohnehin in Ihrem Fronturlaub von den Opium-Plantagen in Afghanistan reihenweise freiwillig auf Ballermann-6 ein.

Ein weiterer Punkt, der allerdings auch erst noch mit Brandenburgs Ministerpräsident Platzeck abgestimmt werden musste, bestand in der Anfrage einiger Holländischer Coffee-Shop-Betreiber, in Werder und Beelitz Cannabis-Plantagen anzulegen, da man in Holland von der guten Polizeiüberwachung in Brandenburg, Schönbom sein dank, gehört hatte.

Die noch immer schon wieder leicht angesäuselte Angestellte der Drogenbeauftragten staunte wieder einmal. So wurde also Politik gemacht, zwischen Mohnbeeten und Cannabispflänzchen.

Es dämmerte bereits, als die Angestellte der Drogenbeauftragten, an der Seite Kurt Becks, von der Kubanischen Botschaft im Prenzlauer Berg zurück kehrte, von der man einen Container echter Cohibas erpresst hatte, denn die vietnamesischen Tabakhändler hatten diese einfach nicht in ihrem Sortiment.

Zum Tagesausklang lud die Drogenbeauftragte der Bundesregierung, all ihre Angestellten noch zu einer Tagesauswertung in die Berliner Spielbank ein, wo man noch bis in den späten Abend hinein an Automaten und Roulette-Tischen die letzte Diätenerhöhung verdaddelte.

Und während die Angestellte der Drogenbeauftragten

Nachts von blühenden Mohnfeldern, Berghängen mit Hopfen- und Weinreben süß träumte, erzählte die Kanzlerin im Nachtmagazin des Fernsehens von all den wichtigen Aufgaben, die die Bundesregierung so zu lösen hatte, während Freiwillige der Berliner Feuerwehr und des Technischen Hilfswerks damit zu tun hatten, den Qualm etlicher Joints aus dem Aufnahmestudio abzusaugen.

***

Der „Mühlengrund" war eine sogenannte Clubgaststätte in der Nähe der Hansastraße in Hohenschönhausen, in die ich mich kurz vor meinem Grundwehrdienst 1985 mit meinem Kumpel an vierzehn Tagen hintereinander hinein verirrte.

Im Mühlengrund
erster Absatz im April 1985, zweiter Absatz am 27.7.2020

Aus einem ziemlich kühlen Grund
geh ich heut' in den „Mühlengrund".
Ich möchte dort ein Bierchen tanken
und froh gelaunt nach hause wanken.

Der „Mühlengrund", er steht nicht mehr!
Wo nehm' ich jetzt das Bierchen her?
Dann geh' ich in den Späti rein.
Dort kann es auch gemütlich sein.

***

Was also tun, mit diesen Stellen?
Es wäre Quatsch, sie aufzuhellen.

Radio
am 26.7.06 (18.15 – 19.50 + 20.30 – 21.10) + 27.7.06
(11.30 – 12.30) + 28.7. (12.15 – 14.15) + 29.7. (18.30 –
20.15) + 30.7.06 (22.15 – 23.00) + 31.7. (11.30 – 12.00)

Ich habe in meiner Küche ein Radio! Also ich hatte mal ein
Radio in meiner Küche, heute habe ich nur noch eine kleine
Quake. Es ist toll, wenn man beim kochen, putzen und am
Fahrrad bauen, irgend etwas hat, das wenigstens halbwegs
angenehme Geräusche macht und mich so ganz nebenbei
mit dem Neuesten aus aller Welt in Form von Nachrichten
versorgt. Im Gegensatz zu Fernseher oder Computer, vor die
man sich statisch setzen muss, kann man sich beim Radio
bewegen. Man kann auch beim Radio statisch sitzen und
den achten Cappuccino oder die sechste grüne Weiße
schlürfen, aber man ist beim Radio irgendwie mobiler!

Mein Radio in der Küche hatte Bässe, weil es ein
Holzgehäuse hatte. Es hatte über zwanzig Sender, und ganz
am Ende der Skala, fest eingestellt, auch Jazz-FM.
Jazz-Radio höre ich am liebsten. Nette Stimmen, die nicht
weiter stören, tolle Big-Bands, mitreißender Swing ... .

Mein Radio hatte auch noch Röhren, weshalb es nach
fünfundvierzig fast ununterbrochenen Betriebsjahren vor
kurzem seinen Geist aufgab und nun mit Benny Goodman
und Ray Conniff im Radio-Himmel swingt.
Seitdem habe ich diese "Quake".

Die "Quake" ist etwas mehr als Taschenrechner groß, nennt
sich großspurig "Fernempfänger", zeigt mir die aktuelle
Temperatur in Grad-Celsius und Farenheit an, hat einen
Sleep-Timer, einen Time-Coder, einen Minute-Alarm, eine
Uhrzeit-Anzeige und manchmal tickt sie sogar verdächtig,
so dass ich nicht übel Lust bekomme, die Quake ans Weiße
Haus zu schicken. Eines hat jedoch die Quake nicht: eine
auf Dauer fest einstellbare und obendrein auch noch

irgendwo ablesbare UKW-Frequenz. Deshalb verbringe ich jeden Tag etwa eine halbe Stunde damit, mich durch den Berliner Radio-Einheitswust zu tasten.

Ich weiß nicht, Bayer und Schering werden wohl ganze Wagenladungen an Psychopharmaka bei den Moderatoren absetzen. Kein Mensch kann doch andauernd soooo guuuut gelaunt sein, wie die Radio-Moderatoren. ... oder halt Drogen! "Es heißt, es gäbe in Berlin ein Drogenproblem! Ich seh da kein Problem! Ist doch alles da!", tönte einst Lord Knud in meinem ... Radio!

Die Sender unterscheiden sich heute nur wenig, weshalb es so schwierig ist, ohne Skala, zu wissen, auf welcher Frequenz man sich gerade befindet. Aber es gibt von vornherein zwei große Gruppen. Die einen machen drei mal pro Stunde fünf Minuten Werbung die anderen nur zweimal mit je siebeneinhalb Minuten. In jedem Falle und für meinen Geschmack, zu viel.

"Ja und hier sind wir wieder ... mit den größten Hits der 70-er, 80-er und 90-er Jahre!"

"Es geht weiter mit ihren Wunschhits der 80-er, 70-er und 60-er!"

Es gibt noch weitere Sendergruppen! Einige wiederholen ihre Musikschleifen bereits nach drei Stunden, andere erst nach viereinhalb!

"Und schon machen wir weiter mit den Super-Oldies und dem Besten von heute!" ... wobei das Beste von heute schon wieder mindestens fünf Jahre alt ist! Ich frage mich dabei jedes mal, wer denen, verdammt noch mal, ihre Hitparaden schreibt!

Vermutlich die Chefs von Media-Markt und Saturn!

"Machen sie mit und erraten sie auch heute das Geräusch! Rufen sie JETZT an unter der 0190 – 0 8 15! ... Und hier ist das Geräusch!" ... Quak-Quak! ... "Wer ist bitte am anderen Ende?"

"Ich bin Lilli Ledig!"

"Schön Lilli! Möchten sie das Geräusch nochmals hören?"

"Ja bitte!" ... Quak-Quak! ...

"Hallo Lilli Ledig! Wer bitte macht 'Quak-Quak!'?"

"Eine Elster!"

"Na das können wir gerade noch gelten lassen! Damit haben sie Lilli Ledig ein Super-Hit-Packet mit den größten Hits der 50-er, 60-er und 70-er Jahre gewonnen! Schalten sie auch morgen wieder ein wenn es heißt: Wer macht denn da Geräusche!"

Leider kann man nicht mal mehr an den Stimmen die Sender voneinander unterscheiden. Die sind alle so gleich glatt gebügelt ... und vor allem ... so austauschbar!

Heißt es bei dem einen Sender "Bongo-Bingo", nennt der andere das "Bingo-Bongo"!

"Ho-he-ho!", singt man beim Berliner Rundfunk, "Ho-he-ho!", bei r.s.2 und "Ho-he-ho" bei 88,8, "Ho-he-ho-hi!" bei Radio Multi-Kulti!

Ein besonderes Highlight sind auch immer die Interviews im Info-Radio!

"Hallo Frau Merkel, stimmt es, dass ihr Frisör weiß, was er ihnen jedes mal antut?" "Ja!"

"Frau Merkel, ist es richtig, dass auch sie keine Ahnung haben, wie man den Arbeitsmarkt wieder belebt!" "Jenau!"

"Frau Merkel, uns ist zu Ohren gekommen, die Agenturen schreiben es, dass die Opposition im Bundestag bei der nächsten Abstimmung GEGEN sie votieren will!"

"Na det is ja wohl eine unjeheure Frechheit!"

Genauso schön sind die Umfragen auf Antenne Brandenburg, wenn es um arbeitsmarktpolitische Fragen geht:

"Wie alt bist du?" "Fünf!" "Und was willst du werden, wenn du mal groß bist?" "Sechs!"

Na, zumindest gibt es noch den "Offenen-Kanal-Berlin"! Dort kann ich, in meiner eigenen Sendung "OKbeat", endlich mal die Dinge erörtern, um die sich sonst sowieso keiner kümmert, mit zum Beispiel solch sinnigen Fragen wie: Wie geht's? ... oder ... Haste das mal gelernt? ... oder ... Warum bist du eigentlich noch nicht berühmt?

Aber am allermeisten freut es mich, dass ich auf die unwichtigste Frage der Sendung fast immer eine ehrliche Antwort bekomme:

Was hast du im Kühlschrank?

Das interessiert die Leute! Dafür lebe ich! Dafür mache ich Radio! So, genau so macht man Radio!

Guten Abend!

***

Das sollte mal eine Serie ähnlich wie Martins „Niety Town" werden, aber ich verlor nach der ersten Episode bereits den Spaß daran.

Raumschiff Monkey-Swing
am 21.10.2004

1. und letztes Kapitel – Aufbruch zu neuen Weiten

Raumschiff Monkey-Swing, Affen-Schaukel, hing noch immer im Raumhafen am Greacebach, gegenüber vom Kanzleramt. Es sollte demnächst abheben, höher, als der Kanzler es je tat.

Commander Paule Patzig war wütend, was bei ihm nicht selten geschah. Unruhig lief er auf der Brücke des Raumschiffes hin und her und zählte immer und immer wieder die einzelnen Knöpfe an den Konsolen, die man so alle verstellen konnte. Fast so viele, wie im Hörfunkstudio beim OKbeat.

Schließlich platzte ihm der Kragen und er fuhr mit dem Turbo-Lift in die oberste Etage des Raumschiffes, in die Etage, die über allem stand, die Verwaltung.

Vor ihm, im Wartebereich, saßen schon Chefingenieur Detlef Dusslig, der Chef für Integrationsfragen Adolf Affe und die taktische Offizierin Lea Listig. Paule Patzig rastete aus: „Macht'n ihr hier?" Kleinlaut kam es von Detlef Dusslig: „Wir warten!"
Paule schüttelte den Kopf, hastete dann zielstrebig auf die einzige Tür zu und öffnete sie. Hinter dem unordentlich aufgeräumten Schreibtisch saßen zwei Damen und gossen Blumen.

Bibo Böse herrschte ihn sofort an:
„Was wollen sie? Haben sie eine Wartenummer?"
Paule: „Ich bin euer Commander! Wann können wir denn endlich starten?"
Bibo fauchte zurück: „Sie schnapsnäsiger, pferdeärschiger Bierbauch! Erst ziehen sie eine Nummer und warten dann genauso wie die anderen! Und außerdem, wir haben jetzt Mittagspause!"
Paule: „Wann können wir denn nun starten? Oder ist unsere Energie-Rechnung bei der Bewag noch immer nicht bezahlt?
Bibo: „Sie pferdenasiger, schnapsbäuchiger Bierarsch, das kann ich ihnen erst nach der Pause sagen .... äh … reichen sie mir mal bitte die andere Gieskanne?"
Paule, beschwichtigend: „Mädels, auf Rüsselsheim drei eröffnet heute ein neues Karstadt-Quelle-Kaufhaus! Wir müssen los!"

Aber Bibo Böse war noch nicht fertig: „Sie aufgeblasener, biernasiger, pferdebäuchiger Schnapsarsch ..."
Aber, Glanz in den Augen vor freudiger Erwartung auf einen Container voll mit neuen Damen-Schuhen, wurde Bibo Böse von ihrer Kollegin unterbrochen. Lilli Ledig

lachte! „Das ist zwar Erpressung, aber wer von uns ist nicht bestechlich? Also gut, Chef. Nach unserer Pause kann es los gehen ... und ... bitte, verteilen sie draußen auf dem Gang neue Wartenummern."

‚Komisch...', dachte Commander Paule Patzig auf dem Weg hinaus, ‚...mit den Handteller großen Tellerinen vom Telstar kam man besser zurecht und das waren ja nun wirklich exotische Außerirdische.'

Bis zum Abflug konnte es ja nun wohl nicht mehr lang dauern und so schlenderte er erst noch einmal durch das gesamte Raumschiff mit seinen 8.934 Komma 5 Besatzungsmitgliedern. Vor dem Nahrungs-Replikator in Etage 5 stand noch nach einer Stunde Vera Weißnicht und überlegte, was sie heute nun als Dessert nehmen sollte, Schokoladen-Eis mit Vanillesoße oder Vanilleeis mit Schokoladensoße! Die Auswahl war so schwierig bei diesem Angebot!

Als Paule Patzig sich nach Stunden zu einem Nachmittags-Schläfchen auf sein Chefsofa auf der Brücke zurückgezogen hatte, und gerade hinweg dämmerte, um von handtellergroßen Tellerinen sinnlich zu träumen, erscholl der erlösende Ruf über die Bordlautsprecher:
„Ihr Pferdegesichtigen, whiskeybäuchigen Kuhärsche! Alarmstufe Rot! Alle auf ihre Posten! Wir starten!"

Die Brücke füllte sich und Navigatorin Ulli Rieke fragte: „Chef, welcher Kurs liegt an?" Paule überlegte kurz, dann sagte er: „Also zuerst nehmen wir den Kurs vom Dollar und kreuzen dann mit den absteigenden VW-Werten!"

Als letzter betrat ein weißhaariger, alter Mann die Brücke. Paule blickte auf. „Da sind sie ja endlich!" Die Köpfe der anderen Besatzungsmitglieder drehten sich zu ihm um. „Das.." fuhr Paule Patzig fort, „ist, wenn ich ihn kurz

vorstellen darf, das ist unser neuer Moraloffizier Theo, Theo Retisch! Sagen sie ... äh ... was machen sie so?"
Mit hochrotem Kopf antwortete Theo: „Ich bin lustig!"
Paule: „Jaaa?"
Theo: „Ich bringe die Leute zum Lachen!" „Mh" „Ich erzähle ihnen Sachen, die Freude machen!" „Ja und?" „Ich bin witzig und lache viel!"
„Aaach so!"
„Ja und ich bin humorvoll!" „Schön!"

Kommunikations-Offizier Beate Beatle beugte sich zum Chef hinüber: „Wussten sie schon, das Swing, Schaukel heißt?" „Nöö!" „Dann war das letztens ein Schaukel-Club, in dem wir waren!" Paule: „Ich wunderte mich schon ... wegen der ganzen Kinder ..... ."
Vom Navigatiospult meldete sich da Dido Dick: „Wisst ihr, seit ich Slim-Fast kenne, finde ich fasten einfach slim!"
Paule: „Können wir nun endlich starten? Wir haben ja fast schon Verspätungen wie die Deutsche Bahn! ... Computer: Energie!"

Ein rütteln ging durch das Schiff, sonst bewegte sich nicht.
„Computer: Kurs auf Rüsselsheim drei! Energie!"
Keine Reaktion.
„Computer, ..."
Da endlich tat sich etwas. Über die Lautsprecher hörte man den Bordcomputer. Seine Stimme erinnerte ein wenig an die melancholisch, rauchig-heiße Stimme von Zarah Leander mit einem Schuss Marlene Dietrich!
„Cäpt'n, Liebling. Ich hab so lange nichts von dir gehört ... ."
„Computer: Energie!"
„Liebster, magst du mich nicht mehr? ... Du weißt, ich mache alles, was du willst, aber bitte zitier vor unserem Abflug in unentdeckte Weiten wieder einmal, nur für mich, den „Kieselsteinweg"! Büüütte!"
Und dann ging alles ganz schnell!

Commander Paule Patzig zitierte, der Sicherheit wegen sogar zweimal hintereinander, den „Kieselsteinweg", der Computer startete die Triebwerke und nur zweiundzwanzig Lieder von .... Tom-Trom und Freunden … später, schwenkte das Raumschiff Monkey-Swing in eine Umlaufbahn um Rüsselsheim drei ein.

Und nur vier Sekunden später wendete sich der Commander an seine Crew:

„Leute, die gute Nachricht zuerst! Wir haben unser erstes Ziel erreicht! Und nun die schlechte Nachricht: Es gibt auf Rüsselsheim drei keine Opel-Ersatzteile mehr und ...", er legte eine süffisante Pause ein, „... und es gibt keine Damenschuhe!"

Prompt meldete sich Bibo Böse über Funk: „Ihr Autonasigen, Balkon-ärschigen, Weinbäuche! Ich will sofort zurück in mein Frauenzentrum!"

Da plötzlich blinkte auf allen Bildschirmen im Schiff das Logo von Zalando auf.

Ende – Fortsetzung folgt … leider nicht

***

Rückfahrt von Susanne
am 20./21./23.3.2015

Wir waren nach der Lesung von Juliane einfach ins nächste Gasthaus gegangen, um dort kurz auf einen Tee und einen Kaffee einzukehren.

Dabei hatten wir uns wohl ein wenig verplauscht.

Als wir das Restaurant verließen, hatte sich längst die Nacht mit weit ausholenden Flügeln über die Stadt gesenkt. Gaslaternen an der Uferpromenade des Urbankrankenhauses verteilten Punkteweise dimmeriges Licht, in dessen Schatten sich „komische Leute" herum drückten, die mit anderen „komischen Leuten" im Halbdunkel irgendwas tauschten.

Die anheimelnde Wärme des Gasthauses hatte uns förmlich in die Nacht hinaus gespien. Wir verabschiedeten uns rasch von einander, denn sie war jetzt wirklich müde, ich wäre es jetzt ohne den Kaffee sicher auch, und wir wollten ja nicht den Eindruck erwecken, als beobachteten wir das Treiben auf der anderen Straßenseite. Susanne nach links, ich nach rechts auf dem Rad, jeder in seine Richtung, nach einem wunderschönen, lauen Vorfrühlings-Abend.

Als ich nach etwa vierzig Metern in die Prinzenstraße einbog, bemerkte ich eine Gruppe Jugendlicher, die sich an einem schwarzen, ... was war das gleich für eine Automarke? ... die sich an einer großen, schwarzen Limousine zu schaffen machten. Ein Reifen das Wagens zischte, als wer von denen ein Schnappmesser zwischen Felge und Mantel rammte.
Ich sah besser weg. Susanne war schon aufregend genug, da konnte ich so etwas hier nicht auch noch gebrauchen.

Auf der Gitschiner Straße, die leider keinen Radweg hat, fuhr ich, nachdem mich zwei Polizei- und ein Krankenwagen mit lautem Martinshorn überholt und dabei fast touchiert hatten, besser auf dem Fußweg bis zum Kotti. Die beiden jungen Männer, die in einem Hauseingang eine junge Frau bedrängten, übersah ich. Das plötzliche, laute Tatü-Tata der Einsatzwagen hatte mir schon fast 'n Herzkasper beschert.

Ab der Skalitzer Straße war ich dann wieder auf der sichereren Seite, dank eines eigenen Radweges. Am Görli sah ich im Halbdunkel mehrere Polizeiwagen, nun ohne Martinshorn und Blaulicht, still Richtung Park rauschen. Ich hörte Schüsse und sah aus den Augenwinkeln, wie mehrere Leute in Handschellen abgeführt wurden. Vorn sah ich aus Richtung Schlesisches Tor Einsatzwagen nit Blaulicht, aber sonst erstaunlich leise in die Wrangelstraße einbiegen.

Am Schlesischen Tor ganze Horden besoffener Touris, die sich entweder prügelten, andere Leute bespuckten, den Straßenverkehr blockierten, die direkt an der Hauptstraße unter einer Laterne neben meinem Radweg öffentlich mit einander pimperten. Wobei ich dann aber noch beobachtete, wie sie ihm während des Aktes seine Brieftasche aus der Hosentasche fingerte und bei sich selbst in der Handtasche verstaute.

Was man auf offener Straße um Mitternacht mitten in Berlin nicht so alles sah!
Aber ich war ja noch nicht zu hause.

Unter den Kolonnaden der Oberbaumbrücke florierte das Geschäft mit Live-Mugge, Kreidebildzeichnern, Fixern, die sich ein ruhiges Eckchen direkt an der Fahrbahn gesucht hatten, um sich den goldenen Schuss zu setzen und Frauen des vorwiegend horizontalen Gewerbes bei ihrer Arbeit.

Horden von grölenden, saufenden Touristen sah man beiden auf Seiten sowohl aus Richtung Stralauer Allee, als auch aus Richtung Revaler Straße, die Warschauer Brücke erklimmen und auch verlassen. Leere und volle Glasflaschen flogen und ich war heil froh, wenigstens meinen Fahrradhelm auf zu haben. Vor Kaiser's gab es eine handfeste Prügelei zwischen einer größeren Gruppe junger, sehr junger Frauen und einer etwa gleichaltrigen, wesentlich kleineren Gruppe junger Männer. Die Mädchen waren offenbar am gewinnen.

Dass die Scheiben eines Spätis an der Ecke zur Grünberger Straße eingeworfen waren und der Laden offenbar gerade geplündert wurde, bemerkte ich erst, als mir einer der Plünderer auf seiner Flucht vor dem Ladenbesitzer, der diesen mit einem Baseballschläger verfolgte, direkt auf der Warschauer Straße fast ins Rad lief und ich eine Vollbremsung machen musste.

Während des Aufstieges von der Frankfurter Allee entlang der Petersburger Straße bis zum Bersarinplatz passierte erstaunlich wenig. Mir begegnete nur eine einzige Frau, die mir mit ihrem Kleinkind auf dem Arm entgegen gerannt kam, offenbar vor irgendwem flüchtend.

Von da an wurde es wirklich ruhig. In der Landsberger Allee überholte ich einen einsamen Herren.
Der Typ redete laut und deutlich auf jemanden ein, der neben ihm zu laufen schien, aber in materieller Form wohl nur mir noch nicht aufgefallen war. Da war niemand, auch kein Headset oder gar ein richtiges Mobilfunktelefon. Der Typ redete was von „alle Schweine abschlachten". Er drohte in meine Richtung mit einem imaginären Hackebeil und schrie mir etwas von „du wirst noch an deinem eigenen Blut ersticken" hinterher.
Ich reagierte nicht darauf. Wir waren schließlich in Höhe des ehemaligen Berliner Schlachthofes. Vermutlich erinnerte sich der Typ nur an seinen einstigen Job.

An der Ecke Storkower Straße standen vor dem Andels-Hotel zwei Streifenwagen und mehrere Polizisten führten einen, an Händen und Füßen gefesselten, der seinen Widerstand offenbar noch immer nicht aufgegeben hatte, gerade ab.

In der Storkower Straße selbst wurde es dann auch mir langsam mulmig. Der Ruf eines Käuzchens schauderte durch die Nacht. Neben mir im Rinnstein hörte ich etwas Unheimliches rascheln und ich redete mir ein, dies sei nur ein Igel.

Schließlich das abstruseste Erlebnis der ganzen Rückfahrt.
Eine Wolke verdunkelte das fahle Mondlicht. Über einen nur sehr spärlich beleuchteten Parkplatz hinkte an Krücken schlurfend ein einsamer Mann mit einem Stoffbeutel in Richtung eines im äußersten Dunkel liegenden,

geschlossenen und gleichfalls unbeleuchteten Supermarktes. Das Käuzchen rief noch einmal in die Nacht hinaus, während der einsame Typ an seinen Krücken verzweifelt an der Eingangstür des Supermarktes rüttelte.

Das war zu viel für mich. Ich machte jetzt, dass ich weg kam! Nur zehn Minuten später war ich endlich zu hause.
„Mh", dachte ich, als ich mich schließlich mit einer Packung Salzstangen in meinen Fernsehsessel fallen ließ.
„Machst 'n jetzt noch mit dem angefangenen Abend?", grübelte ich. Dann stand ich nochmals auf, ging an das Regal mit den DVDs und nahm mir, nach all dem soeben erlebten, einen ordentlichen Krimi zur Brust.
Nun heulten Polizeisirenen auch in meinem Wohnzimmer. Hier aber wusste ich, dass Recht und Gesetz und das Gute mit Sicherheit siegen würden.
- - -
Echtes Erlebnis, das ich nur an einer Stelle leicht überzeichnet hab.

***

Hintergrund: Ich hatte mal in einer Jobcentermaßnahme einen zwar überaus fähigen, aber in seinem Unterricht doch reichlich langweilenden Dozenten. Er sprach sehr langsam mit tiefer, sonorer Stimme ohne Punkt und Komma. Nach spätestens zehn Minuten hatte man weniger mit dem Unterrichtsstoff, als viel mehr mit dem „nicht einschlafen" zu tun. So kam es zu diesem Text.

Schlaf ohne Folgen für Erdlinge
am 4./5.6.08

Liebe Mami!
Ich schreibe Dir mal einen analogen Brief, weil das schneller geht, als ihn erst noch zu briggiballisieren.
Unser Aldebarán ist zwar schon ein recht verschlafenes

Sonnensystem, bei meiner Rundreise durch die Galaxien habe ich jedoch noch viel müdere Spezies erlebt. Tellariten schlafen über vierundzwanzig Stunden am Tag, die heiligen Jungfrauen von Orion schlafen immer beim Sex, aber die Erdlinge übertrifft niemand. Die schlafen sogar am Tage. Ich habe mich mit einem unterhalten und er erzählte mir, wie er dazu kommt.

Während ein greises Männchen versucht, in unspektakulärem Frontalunterricht, jüngere Männchen und gut aus-sehende Weibchen, nicht mit seinem Charme zu beeindrucken, sondern ihnen Wissen einzubläuen, kämpfen viele seiner Schüler ganz automatisch mit dem Schlaf.

Ein dickeres Männchen erzählte mir: „Es ist schlimm, statt mit HTML mit dem Schlaf zu kämpfen. ... Ho-he-ho .... ich bin so müde! Indianer tanzen übers weiße Papier meines Blocks. Warum kann nicht jene dort, die mit den ‚netten Augen' mal einen kleinen Tanz vor meinem Platz aufführen. Das würde mich garantiert aufmuntern. .... Vorsicht! Gleich ist ein Auge zu! .... Nur nicht aufgeben, auch wenn der Schlaf kommen will. ... Ich bin munter ... ich bin munter ... ich bin munter ... Gleich ist das andere Auge zu. Tina neben mir malt Strichmännchen und Hunde. Jana vor mir ist fleißig und verschiebt Bleistifte auf ihrem Teil der Bank. Udo spielt sich wohl an den Fingern ...(?) und Simone verknotet sich ihr Haar. .... Buh-äh – die Bleistiftspitze schmeckt mir nicht. ... Durchhalten ... durchhalten ... diese Einheit hat nur noch 83 ½ Minuten. ...“

Am verschlafensten sind aber die jungen Frauen, die im Berliner-Erd-Bezirk Prenzlauer Berg wohnen und ihren Nachwuchs im Buggy ausführen. Mit einer Arschruhe überqueren die die Kollwitzstraße, mitten auf der Fahrbahn bleiben sie dann stehen, beugen sich zu ihren Kleinen hinunter, tupfen ihnen den Eis-Creme aus den Mundwinkeln und säuseln „Wuzi-Guzi-Wuzi-Wuh“, während Brummi-

Fahrer Benno Brause mit seinem voll geladenen dreißig-Tonner eine Vollbremsung hinlegt. „Wuzi-Guzi-Wuzi-Wuh!"

So, liebe Mami! Irgendwie macht mich die Erde total müde. Da selbst Präsidenten von Staaten hier ihre Zeit abpennen, ist wohl nicht schlimmes dabei.
George! ... Georgie! Aufwachen! Du hast'ne E-Mail von Osama!

Liebe Grüße
Deine Schnorcheltüte

***

Den hier hab ich recht häufig gelesen! Hatte mal an irgendeiner Straßenlaterne einen Flyer gesehen mit „Babytrommeln mit Martin! Freizeithaus am Dingeling-Park, Anmeldung unter ... Telefonnummer". Das war der Auslöser für diesen Text.

Schöner Wohnen
am 25./26.9.06

Ich hatte mich dazu durchgerungen, nun heute Abend doch noch die jüngste und aktuelle Post meines Vermieters zu öffnen, als es an meiner Wohnungstür schellte. Vier Leitz-Ordner Papier waren in den Monaten seit Beginn der Reco im Haus im Juli 2005 angefallen!
Da ich weiß, Papier ist geduldig, wunderte ich mich allmählich nicht mehr weiter, über den Fleiß, mit dem man mich hier postalisch traktierte.

Ach, wenn sie doch nur mit ihren Bauarbeiten so eifrig wären, wie mit ihren Briefen ...! Das Gerüst am Haus stand schon seit Beginn der Baumaßnahmen felsenfest, die offenen Kabel-Enden in den ... offenen ... Schächten im

Hausflur korrodierten bereits und auf den Paletten mit Schutt und Baumaterialien im Innenhof moderte noch das Laub vom Vorjahr vor sich hin.

‚Nun gut, ein Tag mehr oder weniger macht auch nichts, man kann ja auch morgen früh noch antworten!', dachte ich und öffnete meine Wohnungstür. Tina begrüßte mich strahlend!

„Kommst du mit?", fragte sie? „Wohin?", fragte ich! „Na zur Live-Musik bei Martin! Das haben wir doch erst gestern besprochen!", klagte sie.

Ich grübelte. ... ...

Ich wusste noch, ich hatte gestern sehr vielen Leuten zugehört! Meiner Mutter ... ... , Antje, zwei Stunden lang meinem Vermieter, dem Rechtsanwalt meines Vermieters, meinem Rechtsanwalt, der Allianz-Vertreterin, Coco hatte mal wieder meine Warzen besprochen, und allmählich dämmerte mir, dass ich wohl auch mit Tina gesprochen hatte! Also deutete ich ein vages Nicken an!

„Jaaaa!", sagte ich abwartend.

„Wir wollten zum Baby-Trommeln!", half Tina mir auf die Sprünge!

„Ach ja, ach ja, ach ja!", unterbrach ich sie. „Und warum?", fragte ich.

„Na wegen der Live-Musik!!!!!", kreischte Tina.

„Tina! Das will ich überhaupt nicht einsehen!", stutzte ich sie zurecht und verächtlich schob ich nach:

„Baby-Trommeln ... Pah! Die haben doch überhaupt noch keinen Resonanz-Körper! Wenn es Rentner-Trommeln wäre, würde ich das ja einsehen, Rentner sind so wie ein alter Wein schon gut abgelagert, abgehangen oder so! Die klingen doch wenigstens, rasseln, husten oder bedienen die Fernbedienung nebenbei! Aber Baby's sind doch noch vollkommen unreif und haben einfach keinen Resonanzkörper!"

„Du verstehst mich einfach nicht!", wimmerte Tina, machte auf dem Treppenabsatz kehrt und verabschiedete sich mit einem: „Dann geh ich eben allein zum Babytrommeln bei

55

Martin und du sieh zu, wer dir heute die Briefe deines Vermieters in Umgangssprache übersetzt!"

„Ich schreib dir heut'ne E-Mail, Schatz!", rief ich ihr noch nach. Dann war ich wieder allein!

Sofort öffnete ich den dicken A-3-Umschlag, den mir mein Vermieter zugeschickt hatte. Auf den folgenden zweiundvierzig Seiten las ich etliche male: „... Und unser Vorschlag lautet: sie zahlen nur gut fünfzig Prozent!"

Im siebenundvierzig Seiten langen Anhang versprach man mir obendrein ein Zeitungs-Abo für eine monatliche Heimwerkerzeitschrift, einen do-it-youself-Grund-Aufbau-und-Erweiterungskurs an der Volkshochschule, einen gratis Farb-Mix-und-Rühr-Quirl sowie einen „Tumpler", was immer das auch sein mochte. „Hört sich gut an!", dachte ich voreilig und unterschrieb endlich diese, nun achtundsiebzigste Fassung meiner Modernisierungsvereinbarung!

Ein gutes Jahr später, mittlerweile war ich mit Tina zu manch komischer Live-Veranstaltung gelatscht, wie zum Beispiel „Babytrommeln für Senioren", „Beamten-Schnorcheln", „Politiker-Kegeln" oder „Corona-Bingo", auch hatte ich meine Heimwerkerkenntnisse, zumindest in der Theorie, extrem erweitert, klingelten eines Morgens ganz plötzlich und unerwartet ein paar Bauarbeiter an meiner Wohnungstür.

„Wir sind da!", sagten sie lächelnd. Ihre nagelneuen Overalls leuchteten und an den scharfkantigen Bügelfalten hätte man Eier aufschlagen können. Ohne weitere Einwände meinerseits abzuwarten, drängelte sich die Verwalterin unseres Hauses in meine Küche, okkupierte mit den Handwerken meine Sitzecke, machte meine Kaffeemaschine startklar und schmierte mit dem Inhalt meines Kühlschrankes Brote für alle Anwesenden! Aufmunternd nickte sie mir zu! „Na dann legen sie mal los!"

„Womit?", fragte ich. „Das stand doch alles in der

Modernisierungsvereinbarung!", sagte sie. Ich guckte blöd und nahm mir eines der geschmierten Brote, bevor sie weiter redete!

„Sie zahlen zu ihrer bisherigen Warmmiete für die gesamte Reko in ihrer Wohnung im Nachhinein nur gute fünfzig Prozent zusätzlich! Wir beaufsichtigen dafür ihre arbeiten, die sie unter unserer Anleitung in ihrer Wohnung durchführen! Für das von uns verauslagte Material haben wir uns die Freiheit genommen, von ihrem Konto die geringe Summe von 8.573,62 €uro abzubuchen!"

„Gut!", sagte ich. „Kann ich dann anfangen?" Während meine Hausverwalterin meinen Rumtopf auf alle Bauarbeiter aufteilte, nickten diese mir wohlwollend zu.

In den nächsten zwei Wochen ging es endlich zügig voran! Am Tag werkelte ich, Abends machte ich die Einkäufe, Nachts schleppte ich Schutt und am frühen Morgen baute ich mir ein Nachtlager auf dem Tapeziertisch! Ich verkabelte die Wasserleitungen, lüftete die Gasrohre, verschloss sicherheitshalber die Entwässerung, ich schraubte einen Trabs an den Elektrozähler, baute mir auf dem Balkon ein Gasometer für meine Methan-Abfälle, ich tapezierte den Boden und flieste mein Bett, behandelte meine Fische mit Anti-Schuppen-Shampoo, mein Gasherd bekam einen Blitzableiter, die Fallrohre Laminat und das stille Örtchen bekam eine Dunstabzugshaube!

Als ich meine Wohnung sauber und ordentlich saniert hatte, kam schließlich der Oberbauleiter meines Vermieters. Er beglückwünschte mich aufs Heftigste und überreichte mir meine neue Mieterhöhung, die nicht nur bei fünfzig, sondern gar bei siebzig Prozent mehr als bisher lag.

Nach all dieser Anstrengung und um mich auch wieder ein wenig von ihr aufpäppeln zu lassen, zog ich schließlich für ein paar Tage zu Tina!

Nur vierundzwanzig Stunden später bekam sie ihre erste Modernisierungsankündigung!

***

Schuhe
am 5./11./13.4.2012

„Das find ich ziemlich stylisch!", hatte Annemarie noch gesagt und war dann wie ein Geist verschwunden. Schon das Wort „stylisch" fand ich „stylisch". Was aber „stylisch" mit dem entfleuchen von Annemarie zu tun hatte, wusste ich nicht. Auch alle anderen Frauen waren plötzlich weg.

Wir Männer in der Runde schauten uns verunsichert an.
Vor uns erstreckte sich ein Bauwerk. Gut zwanzig Meter hoch, hier fünfzig Meter breit und um die Ecke noch einmal rund einhundert Meter weit eine breite Front einnehmend.
Verdutzt schauten wir uns an.
Ich hatte diese Tour schon oft gemacht, diese Stadtführung, diese Strecke, an diesem Gebäude entlang, aber noch nie war das passiert.

Hohe, schwere, rote Backsteinmauern erstreckten sich wie eine Trutz-Burg.
Gotik erkannte ich, wohl auch etwas Romanik und ein bisschen Schinkel, gepaart mit der Unbedarftheit wilhelminischer Industriearchitektur, reduziert um den Größenwahn Albert Speers, mit Nachbesserungen kargen, absoluten Sozialismus und der Verwahrlosung jahrelangen Stillstands der Nachwendezeit. … Das ehemalige Abspannwerk in der Kopenhagener Straße.

Aber das darüber nun plötzlich alle Frauen wie aus dem Häuschen waren, war mit neu.
Wir Männer schauten uns betreten an.
Was zum Teufel war an diesem Gebäude plötzlich stylisch?
Es war einfach nur ein hässlicher, roter Klotz!
Der Wachmann im Wärterhäuschen war offenbar auch ratlos, als ich ihn fragte, ob das öfter passiere. „Ja!", sagte er, „In der Woche halten oft Reisebusse aus dem gesamten Bundesgebiet. Da geschieht das auch."

Unsere Frauen waren jedenfalls alle verschwunden. Wie ein gigantisches großes, schwarzes Loch zog der Bau alle Damen aus der Umgebung an.

Wir warteten, …. erst zehn Minuten, dann nochmals fünf Minuten …. und noch eine Zigarettenlänge … dann entschied ich mich, zu handeln und ich setzte meine Stadtführung mit den verbliebenen Leuten, nur Männer und Kinder im Vorschulalter, fort.

Wir kamen aber nicht weit. Zwei Ecken weiter hatte ein komischer Laden neu eröffnet. Ich stutzte. So etwas machte neu auf?
Wo man doch heute alles im Internet bekam, sollte sich so ein Geschäft halten?

Die Traube der Männer um mich herum nahm erdrückende Ausmaße an und auch die Kinder drückten sich ihre Nasen an der Schaufensterscheibe platt.

Dann, wie auf ein geheimes Zeichen, öffnete erst einer der Männer die Ladentür und dann stürmten wir anderen wie eine große Woge hinterher.

Hey, kein Witz, wir waren im Paradies!

Modelleisenbahnen in allen Formen, Größen, Spurweiten, … … … Loks, Waggons, Bausätze für Bahnhöfe und Gleisanlagen, Figuren, Bäume, Sträucher, Tunneleinfahrten, Steuersätze für Signale Weichen und Laternenreihen, … also alles was das Herz begehrt. Dazu noch elektrische Autorennbahnen, Matchboxautos in allen Formen und Farben und obendrein, für den, der sich solche Modellbahnanlagen nun wirklich nicht leisten konnte, auch noch Software für den hauseigenen PC, mit der man am Computer Modelleisenbahnanlagen virtuell aufbauen und deren Betrieb dann simulieren konnte.

Die Bedienung gut aussehend, weiblich, kompetent und alle Fragen geduldig beantwortend.

Ich weiß nicht, wie lange wir uns in diesem Laden aufhielten, aber es dämmerte bereits und das will im Hochsommer schon was heißen.

Als uns dieser Laden nach Stunden endlich einen nach dem anderen ausspuckte, trafen wir an der nächsten Ecke, auf die verloren gegangenen Frauen.

Sie sahen durch die Bank weg erschöpft, aber glücklich aus und trugen viele Tüten mit der Aufschrift „Zalando".

Ich wusste nicht, was das sein sollte, aber eine Teilnehmerin klärte mich dann euphorisch auf:

„Zalando .... das sind Schuhe! ... das ist DER Internetversandhandel für alles, was die Frau begehrt ... vor allem für Schuhe!"

Es ging schon auf Mitternacht zu, als wir den Endpunkt meiner Stadtführung erreichten.

Viele Männer röchelten bereits unter der Last der ihnen von den Frauen aufgebürdeten Tüten.

Das Trinkgeld für mich war üppig und auf die allgemein aufkommende Frage, wann ich denn das nächste mal diese Route bei einer Führung bedienen würde, antwortete ich verschmitzt: „Morgen?"

***

Sein Freund Harvey
am 30.3.09 mitten im renovieren

Der eine oder andere Filmenthusiast erinnert sich sicher an den Film „Mein Freund Harvey" mit James Stewart in der Hauptrolle, Anfang der 30er Jahre gedreht, indem es darum geht, dass die Hauptperson einen mannsgroßen, weißen ... unsichtbaren Hasen als Freund hat, sich mit dem Unterhält, ihm die Türen aufhält, in der Bar immer einen Whisky für ihn mit bestellt und schließlich dann doch nicht ins Sanatorium geht, weil Harvey, der weiße, unsichtbare Hase, plötzlich den Sanatoriumsleiter als seinen Freund entdeckt.

Noch vor fünfzehn Jahren wäre so mancher Mitbürger in ein Sanatorium eingeliefert worden, der allein auf der Straße gehend, sich mit jemandem unterhielt, der offenbar nicht persönlich anwesend ... oder zumindest sichtbar ... war.
Ich fand es damals schon unmöglich, als ich eine junge Frau als Mit-Kundin im Supermarkt entdeckte, die mit Oberkörper und Kopf in einer Tiefkühltruhe hing und sich offenbar mit jemandem unterhielt, der nicht unmittelbar neben ihr stand. Zum Glück gab es damals noch diese unübersehbaren Angeberknochen von Mobilfunktelefon.
Die Dame kreischte damals laut: „ ... Ja und dann ist da noch eine Packung mit 250 Gramm, die noch bis November haltbar ist! ... Nein! .... Die 300-Gramm-Packung gibt's wohl nicht, aber hier ist noch eine mit 280 Gramm! ...“

Wie herrlich, praktisch, nervig ist das heute mit diesen kleinen, fast unsichtbaren Geräten. Da steht Antje in der voll besetzten Straßenbahn neben dir, sieht dich an, macht ... muh-muh-muh (Kusslippen) und unterhält sich mit ihrem Freund Detlef, 500 km entfernt in Düsseldorf, weiter.

Letztens musste ich auch erst wieder zweimal hinsehen, bei dem Herren, der ein paar Meter vor mir in die gleiche Richtung mit beiden Händen in den Taschen latschte und der, das war das irritierende, dazu auch noch Kopfbewegungen machte, als wenn er sich mit jemandem unterhielt, der direkt neben ihm liefe. Ich sah da niemanden, so tippte ich auf Harvey, bis ich sein Headset bemerkte, das aus einem seiner Ohren bammelte.

„Ja, ick dachte, wir machen det in grün! Na, du weeßt doch, wie ick die Farbe liebe. Ja, een Boom nehm wa ooch! Klar, jeht det uff een Boom! Da kommt doch nie eener druff! Und denn so zwischen die Zweige! ... Mönsch, is mir doch egal, ob dann det Lila leuchten tut oder nich, ... solange det denn da nicht ooch grün ist ... Nöö, mit Lindt hab ick noch nicht jequatscht, aber det jeht wohl in Ordnung! ... Wat, rot und blau sind keene vernünftigen Farben? Na, da kennste aber die Veilchen nicht, mit denen meine Gören immer aus der Schule kommen. ... Ja, die Gören lieben det! ... Klar darf Marzipan auch mit rein! ... So, denn allet soweit erstmal klar, wa? ... Jut! Ick seh dir denn Karfreitag! ... Ja, tschüss denn, Osterhase! ... Tschüsschen Hasi!"

***

Senoritas und Gringos
am 15./16.6.05

Nach Wochen trafen wir uns endlich wieder. Mein Freund Detlef, seine süße Angetraute Monika, unter dessen Fuchtel er ständig stand und ich, der Freund der Familie. Monika wollte sich mit uns einen gemütlichen Samstag-Nachmittag im Einkaufszentrum direkt am S-Bahn-Ring machen, wobei in meinem Kopf nicht unbedingt Einkaufszentrum etwas mit Gemütlichkeit gemein hatte, sondern ganz im Gegenteil Einkaufszentrum für mich einsame Männer, abgestandene Luft und Menschenmassen assoziierte.

Unser Besuch in diesem Center begann wie immer, wenn wir dieses Center besuchten. Monika stürmte in den erst besten Schuhladen, Detlef verschwand in der erst besten Buchhandlung hinter einem Regal mit billigen Western und ich landete in der Abteilung für CDs und Computerspiele. Verabredet hatten wir uns für „in einer Stunde" im oberen Eis-Café, wo dann einer dem anderen für gewöhnlich seine „Beute" zeigte. Meist trafen sich Detlef und ich uns dort zuerst wieder und Monika tauchte im allgemeinen nach unserem dritten oder vierten Milchkaffee auf. Nach einem gemeinsamen Milchkaffee schwärmten wir dann wieder aus, erneut Beute zu machen, um uns dann, in einer weiteren Stunde wieder zu treffen. Dieses Spiel konnte man einen ganzen Tag lang durchführen. Das Fatale an einem Einkaufszentrum dieser Dimension: Es gibt vielmehr Schuhläden, als Buchhandlungen und fast immer nur einen Electronic-Markt.

Doch heute war alles anders. Schon von weitem sah ich nach einer Stunde wie Monika in Begleitung einer anderen, jungen, hübschen Frau einen Tisch in der Mocca-Milch-Eisbar ansteuerte. Aus der Gegenrichtung kam Detlef. Detlef beschleunigte seinen Schritt genauso wie ich und wir trafen gerade noch rechtzeitig am Tisch ein, um den beiden Damen die Stühle zurecht zu rücken.
Ohne Umschweife und noch während wir uns setzten, ergriff Monika das Wort:
„Hallo Jungs! Wisst ihr, wen ich hier getroffen habe?" Ohne eine Antwort abzuwarten, quasselte sie weiter: „... Tina! Meine alte Klassenkameradin aus der Berufsschule ... Tina ... Detlef, du erinnerst dich doch noch an die kleine gnubbelige Tina, von der ich dir immer erzähle ... die, mit der unmöglichen Hornbrille, deren Vater Alkoholiker war."
„Ja Mäuschen.", sagte Detlef. Ich hingegen versuchte mir vorzustellen, wie dieses tolle, zarte Wesen mit der blonden Lockenmähne, das jetzt einen hochroten Kopf bekam, mal gnubbelig und mit Hornbrille ausgesehen haben könnte.

„Detlef hat heute wieder einige neue Western gekauft. Ich sag dir Tina," quasselte Monika weiter, „Detlef hat schon so viele davon, die halbe Schrankwand ist schon gefüllt damit, ... und im Keller stehen auch schon einige volle Kisten damit herum. Wenn wir mal umziehen, muss er sich aber von einigen seiner Heftchen trennen, stimmt's Detlef?"
„Ja Mäuschen.", kam es kleinlaut von Detlef.

„Überhaupt, Detlef ist ja einer dieser ganz typischen Männer. Er wechselt seine Hemden zum Beispiel immer erst dann, wenn sie riechen. Solange sie nur schmutzig sind, aber noch nicht riechen, so lange zieht er sie noch an. Wenn ich ihm nicht täglich neue Wäsche raus legen würde, würde er seine Hemden wohl wochenlang tragen. Ist doch so, nicht Detlef?"

Detlef schluckte: „Ja Mäuschen."

Irgendwie muss Tina wohl dem Wortschwall Monikas nicht ganz gefolgt sein, denn sie fragte, abweichend vom Thema: „Sag mal, war Detlef nicht dieses Muttersöhnchen, über den du mir gegenüber früher immer so gelästert hast?" Monika nickte. „Und wenn der beim Sex kam, rief er immer ‚Hosijanna', hast du mir damals erzählt.", setzte Tina nach.

Nicht nur ich rutschte etwas Nervös auf meinem Stuhl hin und her, auch Detlef zappelte. Wer weiß, was heute noch so alles über den anderen herauskam, aber es schien so, als wenn vorerst das Rachemüthchen von Tina gestillt sei.

So plapperte Monika weiter:

„Detlef hat ja auch noch nie selbst was gekonnt. Sogar den guten Kumpel musste ich ihm erst besorgen, damit er Abends auch mal auf andere Gedanken kommt." Sie zeigte auf mich, ich nickte brav und von Detlef kam ein: „Ja Mäuschen!"

„Naja, Detlef ist nun nicht gerade das Urbild eines Mannes, dafür hat er es aber gut bei mir. Einer muss sich ja um ihn kümmern. ... Handwerklich ist er ja auch'n bisschen doof. Schon seit Wochen rede ich davon, dass er mal unsere Fenster streichen soll, aber er hat noch nicht mal Pinsel gekauft! ... Na, was will man denn auch von einem Mann erwarten, der Nachts beim Schnarchen auch noch sabbert. ... Du sabberst doch, Detlef?"

„Stimmt Mäuschen!"

„Aber unser guter Kumpel Rolf ...", Monika zeigte auf mich, und genau in diesem Moment entschloss ich mich, aufzustehen, um in der nächsten Buchhandlung nach billigen Hörbüchern zu schmökern.

Monika verstummte sofort, ich verabschiedete mich unter irgendwelchen fadenscheinigen Gründen und Detlef sagte nur ein kleinlautes: „Mach's gut, Rolf!", dann war ich weg.

Etwa zwei Stunden später, ich hatte mich am Science-Fiction-Regal festgebissen, traf ich in der Buchhandlung auf Tina. Gemeinsam setzten wir uns in die Mocca-Milch-Eisbar und lästerten über Monika und Detlef.

***

Sinniger Dialog ohne Widerrede! - oder -
Der Auto-Marder!
am 7.4.05 in der Reha-Klinik „Seehof" in Teltow

Hey Du! ... Du!
Wer? Icke?
Ja du! Du, komm mal her! Heute Nacht ist wohl'n Marder in meinem Motorraum gewesen! Der muss da drinne gewesen sein!

◊ AKTION: ein Motorraum eines Fahrzeuges auf einem Parkplatz vor der Reha-Klinik in Teltow bei Berlin wird geöffnet. ◊ Schwups!

Hier kiek mal ... da muss der Marder heute Nacht drinne jewesen sein! In MEINEM Motorraum! Da, da, ... siehste? ... da ist noch'n Stück Fell von dem Marder!
Und hier ... kiek mal hin .... da hat er wohl rumjeturnt! ... Siehste?

◊ AKTION: ein Stück flauschiges Etwas wird gegen das Licht der Sonne gehalten, damit man erkennen kann, dass es etwas Flauschiges ist!

Da, siehste, ... da war wohl der Marder! Inne Kabel hat er wohl nich jebissen ... da ... siehste .... da kann man nicht

65

erkennen ... aber ick hab schon mal meine Werkstatt anjerufen. Die haben mir jesagt, ick soll mir alle Kabel jut ankieken und och die Bremsschläuche und so ... überall da, wo der Marder wahrscheinlich jewesen sein könnte ... und siehste .... da unter dem Kabelbaum, da ist ooch noch Fell, siehste! ... Wahrscheinlich hat der sich zwischen Lüfter und Motor rumjetrieben ... weil et da jestan noch so schön warm war, als ick jekomm bin!

◊ AKTION: Ich gucke wohl etwas verständnislos. Deshalb werden mir mit weit ausholenden Gesten Getriebe und Lüfter im Motorraum gezeigt.

A-ha! Das sind also Motor und Lüfter! Da war also ein Marder heute Nacht!

Ja, siehste, jenau da! Da war der Marder heute Nacht drinne! Und der is da rumjeturnt! Ick hab ooch schon'n Fuchs jesehn ... letzte Woche! Mitten im Wedding! .... Aber in meinem Motor war wohl heute Nacht'n Marder! ... Na, andere Viecher machen sowat ja ooch nich! ... Sowat machen nur Marder!

AKTION: der Motorraum wird wieder zugeschlagen und ich schicke mich an, zu gehen!

„Kann sein, dass hier noch mehr Marder sind!" sagt der Herr, den ich nur flüchtig vom Sehen aus der Kurklinik kenne, und ich verabschiede mich!
Also in seinem Motorraum war letzte Nacht ein Marder!

***

Ich könnte mich auch damit quälen
und so vier Pfund Kartoffeln schälen.

So viel Liebe!
am 16./17.10.05

Es war an einem dieser wunderbaren, warmen Tage, der
Wind hechelte, die Hunde wisperten lau, die Vögel strahlten
durch die Fenster und die Sonne zwitscherte im Geäst der
alten Pappel, als ich, beim schlendern durch den Park, aus
den Kopfhörern des Walkmans eines Joggers, den ich
überholte, den Fetzen eines Liedes hörte! „Love me
Tender", das Liebeslied einer Dampflokomotive!
Wow, dachte ich, dass junge Menschen sowas noch hören!
Auf der Wiese schnäbelten zwei Stare miteinander, während
im Teich ein Enterich gerade sein Quietsche-Entchen
versenkte. .... Hui, wie es zappelte.

Auf einer Parkbank, an der ich in einer stillen Ecke vorbei
kam, wurde hastig Geld gegen irgendein Plastiktütchen
getauscht. Aus einem Ghettoblaster in einem Balkon über
den beiden kam von Phil Collins, oder war es das Original
der Supremes (?) „You can't hurry love" und ich dachte so,
angesichts der zwei hektisch tauschenden Personen: ‚Ja, ja,
ohne dem kann man wohl selten hurtig Liebe machen!'
Die wilden Kaninchen auf der Wiese schienen mich aber
vom Gegenteil überzeugen zu wollen!
Ich war heute Glücklich! Ich war von sooo viel Liebe
umgeben!

In der großen Buddelkiste mit Klettergerüst herrschte heute
Hochbetrieb! Ein gutes, in dem Falle musste man schon
sagen „ein dreckiges Dutzend", Dreikäsehochs war von
ihren Erzieherinnen hierher getrieben worden. Bagger
baggerten Stauseen, Scharen von Barbies warteten auf ihren
Ken, Ritter und Burgfräulein, der Magnetic-Man und
Power-Girl kämpften um Buddelförmchen, Sandzinnen oder
einfach nur um die besten Plätze im Raumschiff
Entenschuh, während über allem der große Geist Owaniyo
thronte!

Ich stellte mir bildlich vor, wie die Eltern der Kleinen wohl aussähen oder wo man welches Gör gezeugt haben könnte, musste bei dem Hosenmatz in Goofy-Overall, allerdings laut lachen! Ich war heute von so viel Liebe umgeben … .

Kurz vor dem Freiheitsdenkmal kam ich an einem Pärchen vorbei, das Händchen haltend dahin schlenderte. Während er sie mit schmachtenden Blicken verzehrte, hörte ich, wie sie ihm ihre, gerade erst heute in der Berufsschule für Einzelhandelsverkäufer gelernte, Definition zusäuselte:
„Die Lebensmittelkennzeichnungsverordnung regelt die Kennzeichnung von Lebensmitteln!"
Ich war baff von der Tiefsinnigkeit solcher Lehrinhalte!
Er himmelte sie auch dafür noch an!

Auf dem Weg am Supermarkt vorbei kam mir eine Familie, Vater mit Bierflasche, Mutter mit sehr billigem Make-Up, Kind sehr tobig, sehr schmutzig, entgegen!
Kinder sind ja immer ein Ausdruck wahr gewordener Liebe!
… Wie schön!

„Wenn du Aas nicht bald ruhig bist, krichste hier noch uff die Straße eene in die Fresse, du Sau!" … hörte ich sie mit dem Kind zetern!

Aus der Supermarkttür hörte man über per „Kaufhausmusik" Gerry Glitters „I Love, You Love, Me Love". Ach! Was für ein schöner Tag heute! Ich war von soviel Liebe umgeben!

Der Berufsverkehrsstau in alle Richtungen an der Kreuzung Danziger, Greifswalder brachte noch mehr Liebe in die Äolien! Hier wummerte ein „Mother-Fucker" im Technosound aus einem Auto, dort die Beatles mit „She loves you", hier die Rolling Stones mit „Engy", dort Roland Kaiser mit „Manchmal möchte ich schon mit dir", hier klassisch Gershwin „an American in Paris", dort Ray

Conniff mit „'s Wonderful", dann Nicole „ich hab dich doch
lieb" und wieder die Beatles!
Ich war von sooo viel Liebe umgeben!

„Eh, du Arsch, rechts ist das Gas!" „... Grüner wird's nicht,
du Hammel!" „.... immer die bescheuerten Radfahrer!" „...
du krichst gleich Senge mein Freund!" „Dusselige Zonen-
Sau, bleib doch in deinem OHV ‚Oranienburg hat Vorfahrt'
mit deinem Trecker!"
Ich war heute von sooo viel Liebe umgeben!

***

Soll wohl so'n Gedicht sein ...
am10./16.7.08

Zitrone, Limonade und etwas Karamell,
macht nicht, laut einer Studie, die grauen Zähne hell.
Jasminchen, Luise und Tina noch dazu,
lassen meinem Geiste immer selten Ruh'.

Das Lachen der Kleinen, mit dem gelben Hut
Macht mir Nachts ganz selten und auch am Tag nicht Mut.
Die Katzen, wenn rollig, maunzen wie ein Kind
Obgleich sie in ihr'n Augen keine Kinder sind.

Die Palmen am Strande, die blühen selten gelb
Selbst wenn ich ihnen schenke, mein Hab und Gut und
Geld.
Die Beeren im Walde, die stehen stumm herum
Auch wenn ein Bär lässt fallen, einen Haufen Dung.

Monique und Ramona lächeln oft mir zu,
wenn ich in der Firma mein' Bürotür mache zu.
Der Handkäs', der Harzer, schmeckt nur auf dem Brot,
das mit Schmalz bestrichen und im Korn voll Schrot.

Das Schlagerstar-Mäuschen kreischt gar oft und wild
So mancher Soldate hat im Spinnt ihr Bild.
Die Meisen, die kleinen, fliegen oft herum
Obgleich sie selten trinken, eine Flasche Rum.

Die Königin, die britische, das ist'ne echte Queen,
obwohl sie niemals sange, mit der Popband Cream.
Der Regen der fällt, immer so herunter
Und macht die Tier im Walde häufig doch sehr munter.

Berliner Weiße trinkt man oft in grün,
man trinkt sie in Lokalen, wenn die Blüten blühn'.
Computer machen meistens was man alles will,
sie sind jedoch sehr häufig auch ganz gern mal still.

***

Soccer for ever
Kommentar zur Fußball-WM-2010, weil der Auftritt der
Crazy-Words am 27.6.2010 bei 48-h-Neukölln zeitlich
leider genau zum ersten Achtelfinalspiel Deutschlands bei
besagter WM statt fand und wir deshalb kaum Publikum
hatten und laufend durch Fußball-Fan-Geschreie aus allen
Richtungen gestört wurden.
am 24./25.6.2010

Leider bin ich mal wieder mit einer meiner Veranstaltungen
Opfer des Fußballs. Unser Termin hier stand aber eher fest,
als der Termin ausgerechnet dieser Begegnung Deutschland
gegen Engeland!
Dafür bekommt die FiFa von mir die lila Karte!

Dieser Hype mit dem Fußball geht mir momentan wirklich
zeitweise auf den Zünder! Und Fußball ist noch nicht
vorbei, da beginnt schon in der nächsten Woche die „Tour
de Farce" oder „Tour de Dope", je nach Standpunkt.

Und was sonst niemals möglich ist, des Volkes Stimme ungeschnitten, ungeschönt, gibt man Minuten lang Raum in den Hauptnachrichtensendungen!

Plötzlich dürfen Theo Retisch, Lilli Ledig oder Paule Patzig oder noch schlimmer Typen wie Udo Walz, der Fleisch gewordene Lustmolch aus dem Gard-Haar-Studio, ihren blauen Dunst in die Tagesschau-Kamera hinein sabbern!

„Jo eh ... wenn se det nicht gewonnen hätten, hätten se det Ding aber verloren! ... Deutscheland!!!"

Machen sie das mal bei politischen Themen ... Volkes Stimme ungeschminkt senden. Das geht doch gar nicht! Bei Politik geht's doch nur nach dem Parteibuch des Intendanten, nach dem Parteibuch des Sponsors, nach dem Parteibuch des Hauptwerberträgers, und wer von der eigenen Journallie nicht spurt, der kann ja zum Offenen Kanal Walsrode gehen oder der erstellt nur noch die Tabellen für die vierte Liga Nord in der FuWo!

Bei politischen Themen gibt es Volkes Stimme nicht ungefiltert, nicht durch Chefredakteure und deren Vorgesetzte abgenickt, aber bei Fußball schon!

Also wenn die wirklich nicht das Tor geschossen hätten, dann hätten sie es verloren!

... Und dabei wollte ich doch schon immer mal meinen Kommentar in den Tagesthemen aufsagen!

Vielleicht muss ich dazu aber erst hier besoffen „Deutschland" ins Mikrofon sabbern, bevor ich das darf?

„Der Günter Netzer hat gestern im Fernsehen gesagt, wenn dieser Dings .... ähm .... der Dings .... na du weißt schon wer, ... der mit dem weißen Trikot und den schwarzen Hosen ... also wenn der das noch mal macht, dann wird er nochmal eines Tages vom Schiri, vom Schiedsrichter .... also vom Schiri wird er dann gedingst! .... Und Jogi Löw hat gesagt, wenn sie das nächste Spiel nicht verlieren, dann gewinnen sie es vielleicht! Vielleicht gewinnen sie ja das nächste Spiel, wenn sie es nicht verlieren, hat der Jogi Löw gesagt!"

„Und was sagt deine Frau dazu, dass du nun alle paar Tage besoffen nach hause kommst?"

„Na du weißt doch, meine Ollsche sagt doch immer det selbe! ... aber der Jogi Löw hat gesagt, sie könnten das nächste Spiel vielleicht wirklich gewinnen, hat der Jogi Löw gesagt!"

***

Soll an Haben – oder - Ich denke was, was du nicht ahnst
am 8.1.2007

Sie: „Herzlich willkommen zu unserer vierten Unterrichtseinheit im Kurs Buchführung für Buchmacher! Wir waren stehen geblieben bei der Bilanzierung und bei den ersten Buchungssätzen ..."

Er: ‚... hängen geblieben wäre für mich der bessere Ausdruck ...'

Sie: „Die erste Aufgabe lautet: Wir tätigen einen Zielkauf bei Rohstoffen! Wie heißt der Buchungssatz?"

Er: ‚... Zielkauf, Zielkauf ... ich bin mir sicher, dass Zielkauf der österreichische Ableger der Plus-Supermarktkette ist ... aber was, zum Teufel, hat dann Plus mit Rohstoffen zu tun? ...'

Sie: „Sehr richtig! Frau Müller hat das eben sehr schön gesagt! Wie wirkt sich das aber nun auf unsere T-Konten aus?"

Er: ‚T-Konten hab ich in diesem Kurs schon mal gehört. Das hat nichts mit Tee-Kanne zu tun. Ich bin mir sicher!'

Sie: „Richtig, Herr Meier! Wir tragen jetzt die Zahlen ein ... Soll an Haben ..."

Er: ‚ ... mh ... Was soll ich denn nun haben? ... Da muss ich doch gleich mal die Dozentin Fragen.' „Frau Gösebrecht, kann man denn den Buchungssatz auch umdrehen? Also so, dass ich Haben an Soll habe?"

Sie: „Das ist eine sehr gute Frage, Bill, daran merkt man mal, dass sie hier mitarbeiten und mitdenken .... aber in Zukunft unterbrechen sie hier nicht! ... Ich will mal ihre Frage so beantworten: Das ist eher unüblich!"

Er: ‚Hab ich denn nun Soll oder hab ich Haben auf der Soll-Seite? .... Und wo ist die Ist-Größe? ... Ich muss doch hier, verdammt noch mal, auch irgendwo einen Anfangsbestand gehabt haben! Hab ich den im Soll oder im Haben?' „Frau Gösebrecht, darf ich mal ein Fenster aufmachen?"

Sie: „Das ist eine gute Idee!"

Er: ‚Na manchmal hab ich halt auch gute Ideen, ... selbst wenn die nichts mit dem Unterrichtsstoff zu tun haben .... oder sollen die zu tun haben! ... oder Ist das Haben zu tun? ... Und wenn ja, was tu ich mit dem Soll?'

Sie: „Wir übernehmen nun die Schlussbestände in die Bilanz und rechnen auf!"

Er: ‚Zum Glück gibt es ja Taschenrechner ... fünfzigtausendeinhundert ... verflixt .... eine Null zu viel ... also nochmal fünfzigtausendeinhundert und siebenundzwanzigtausendvierhundert .... Wer hat sich denn diese doofen Zahlen ausgedacht? Mit solch niedrigen Werten rechnet doch kein Mensch! ... Das müssen doch fast die Soll und Haben Zahlen sein, die wir gestern ... dann könnte ich doch .... erst einmal die Kaffeetasse von dem Hefter nehmen ... Mh ... Schmatz ... ein Edel-Tröpfchen!

Ist der Kaffee erst mal kalt
Man freudig an die Decke knallt

So, also die Zahl, die im Soll herauskommt, muss ich nun auch noch im Haben haben! Wie kommt sie auf diese Zahl? Die muss doch irgendwas damit gemacht haben, sonst kommt doch nicht einfach so mir nichts, dir nichts eine Zahl im Haben heraus! Soll sie das denn überhaupt? Oder hat sie sich die Haben-Zahl aus dem Soll geholt?' „Frau Gösebrecht? Darf ich das Fenster wieder schließen?"

Sie: „Ja, machen sie ruhig wieder zu! Und? Was haben Sie so herausbekommen, meine Herrschaften?"

Er: „Dreihundertsiebenundneunzigtausend-Vierhundert-KOMMA-vierzehn!"

Sie: „Das kann nicht sein! In dieser Aufgabe gibt es keine Kommastellen! Was haben die anderen?"

Er: ‚Ist ja komisch, wie komme ich denn überhaupt auf die Kommastellen? Und warum ist nur meine Zahl anders?'

Sie: „Das heißt also im Umkehrschluss Soll an Haben war ... Ja bitte ...!"

Er: „Frau Gösebrecht, ich merke immer wieder, Buchführung ist wirklich nicht mein Ding! Das beste wird es sein, ich beende für mich diesen Kurs und mache einen laaangen Urlaub, nachdem ich Microsoft verkauft habe!"

Sie: „Ist gut, Mister Bill Gates! Den sollen sie haben!"

***

Sommer, Sonne, Biotonne
am 4./5./6.7.09

Schild in so einem Markt für Ramsch und Kram den man eigentlich nur dann braucht, wenn man mal gerade wieder jemanden mit einem Geburtstagsgeschenk ärgern will. ... Pfennigpfeiffer heißen die, oder so:

Liebe Kunden, bitte beachten sie, dass sie bitte möglichst ohne Rucksäcke, Reisetaschen, Campingbeutel, Handtaschen, Koffer, Jutesäcke, Kisten, Kartons, Umhängetaschen, Plastiktüten, sowie ohne Hosen, Kleider, Röcke, Hemden, T-Shirts, Parker, Mäntel, Trenchcoats, Bade- und Unterhosen, in denen sich Taschen befinden, unseren Markt betreten, da unsere Mitarbeiter angewiesen sind, regelmäßige Taschenkontrollen durchzuführen!

Als Alternative können Sie in unserem Markt sehr kostengünstige Zwei-Liter-Jute-Beutel zum Vorteilspreis von nur 9,99 € erwerben!

Nach den neuesten Untersuchungen, wonach Schinken im Restaurant und auf Pizzas teilweise zu keinen 50 % mehr aus Fleisch und Käse dort selten aus Milch besteht, stellen die Gesundheitsämter nun fest: Hunde können BSE haben! Das ergab jetzt eine Routinekontrolle in chinesischen Restaurants bei Peking-Enten!
Michael Jackson soll nu, um die Todesursache genau zu analysieren, ohne Hirn beigesetzt werden! .... Ich erspare mir nun jeden weiteren Kommentar!

***

Spam, spam, spam, spiced ham
am 17.11.2015

An einem gewöhnlichen Tag erreichen mich manchmal bis zu fünfzig dieser Spam-Mails!
Deshalb grusele ich mich davor, mal richtigen Urlaub zu machen, in dem ich im Internet nicht erreichbar bin. Da reichen schon drei Tage ohne festes Internet zu hause und ich bin zu zugemüllt.
Fataler Weise landen manchmal auch wichtige E-Mail im Spam, häufiger ist aber der umgekehrte Fall die Regel.
Und so kann es sein, dass ich auch mal eine wichtige normale E-Mail ohne sie durchgelesen zu haben, lösche, weil mir der Absender unbekannt ist.

Gehen wir jetzt also ins Internet und öffnen wir mein Postfach.
Viagra brauche ich jetzt gerade nicht. Einen Kredit ohne Schufa brauche ich sicher genau dann, nachdem ich auf diese E-Mail geklickt habe.
„Letzte Warnung" … wovor eigentlich? … vermutlich vor dem anklicken dieser Mail!

Was ist das denn hier? Jörg möchte mich kennen lernen! … ich kenne keinen Jörg …

Zwei Stunden später dann der Anruf … von Jörg: „Du haste meine E-Mail bekommen? Wir würden gern mal in deine Sendung kommen!" „Du, Jörg, ich hab von dir nie, niemals eine E-Mail bekommen! Ich scha-wöre!"

Weiter im E-Mail-Postfach. Newsletter radio.de hat mir geschrieben. Warum will man mir überhaupt Radio hören aufschwatzen, wo ich doch viel lieber selber Radio mache?
Chantall möchte mit mir ausgehen! … Ach, Chantalli … ich ja auch gerne mit dir, wenn ich mir sicher wäre, dass mir beim öffnen deines sicherlich höchst „seriösen" Angebotes nicht noch einen kleinen Virus, der gern mit meinen Computerdaten ausgehen möchte, einfangen würde.
Was ist das denn hier? Ei der Daus, nochmals Viagra!
Zweimal Viagra an einem Tag! Au backe, nach diesem Genuss kann Mann vermutlich die Damen eines ganzen Bordells anbraten.
Lebensberatung! Ich muss ihnen etwas erstaunliches mitteilen. Was denn? Das mein Computer dann infiziert ist?
Agathe Bauer, ich lade sie ein … oh shit, jetzt hab ich doch versehentlich die Info-E-Mail einer meiner SPD-Genossinnen gelöscht! Warum landen die SPD-Mails auch immer im Spam?
Unsere Erfolgsstrategie, ihnen sind schon 25 € auf ihrem Konto gut geschrieben! Woher haben die verdammt nochmal meine Kontodaten?
So, was gibt's sonst noch? Alle Mobilfunk- und Festnetzbetreiber möchten mich dazu überreden, über sie ins Internet zu gehen! Witzbolde! Bin doch schon längst drin! Festnetz und Mobilfunk hab ich auch. Meint da etwa wer, ich würde jetzt, hier, sofort wechseln?
So und nun mal zu den nicht -spams!
Viagra, Viagra, …
Eine Brustvergrößerung brauche ich heute auch nicht … unbedingt … … … .
Aber jetzt: Wichtige Mitteilung! Gelbe Wurzel bannt das Krebsrisiko! … Ach was! Und um an die gelben Wurzeln zu

kommen, braucht man wahrscheinlich das Bewurzelungspulver von Monsanto.

Bücher portofrei! Komme ja selber mit dem Schreiben kaum hinterher! Was brauch ich da noch fremde Bücher! … denn das bisschen, was ich lese, kann ich mir auch selber schreiben …

Ah, endlich! Ein Mensch! Clara hat mir geschrieben. Das schau ich mir nachher an!

Auch Britta hat mir geschrieben. Ach, dahinter steckt Change.org … das ist zwar nicht gefährlich, aber die vielen Petitionen nerven mit der Zeit.

Gut, ich geh mal noch zu Facebook.

Paule macht die besten Radiosendungen! … aber nur, wenn ihm keiner zuhört! Tinas Hamster hat noch immer Schnupfen. Paule hat mittlerweile gepostet, dass er unbedingt Pilot auf Malle werden soll, wie ihm sein Wahrsager sagt. Vom alten Ami Rik gibt's mal wieder 'n tollen Rocksong. In der Zwischenzeit hat Jens gepostet, dass er sich bei Tinas Hamster angesteckt und jetzt auch den Schnupfen hat. Colibri schreibt in die Nacht hinaus, dass sie eine schreckliche Inflatio, … Blähungen ... hat und man möchte ihr doch bitte eine kleine Spende in Form von Geld überweisen, damit sie den heutigen Abend noch übersteht. Ich antworte ihr, sie möge heute mal auf ihren Koks verzichten, Cannabis ist schließlich billiger … und man bekommt es überall! Paule macht gerade noch immer das beste Radio in der Stadt, auch wenn ihm keiner zuhört!

Dem Rüdiger geht's heut nicht gut,
weil er so schlechte gucken tut!
Bei amazon ist heut trara
wegen einem blablabla
Und Sylvia will heute schweigen,
wenn wir ihr nicht nackte Bildchen zeigen.

Wisst ihr, was ich mich bei all dem aber wirklich frag?
Landen meine Info-E-Mails bei Euch eigentlich auch im
Spam? ... und wann schreibt man diesen Text über mich?

***

Kiezspaziergang mit der Baronin
am 30.11.2012

Es war die dritte von drei fünften Klassen, die Klasse 5c, der
„Grundschule an der Marie", die ich am 26., 27. und die 5c
halt am 28.November 2012 über die Georgen-, Parochial-
und St. Marien- St. Nikolai-Friedhöfe im Prenzlauer Berg
führte und in der sich mir die Baronin zu erkennen gab.
Eine der Klassenlehrerinnen dieser fünften Klassen, eine
gewisse Marlies Metzdorf, hatte diese Führungen mit mir,
aus Anlass der ARD-Themenwoche „Leben mit dem Tod"
oder so ähnlich, organisiert und dabei mich angeschrieben
und gefragt, zu welchen Konditionen ich die Schüler über
die Friedhöfe führen würde.
Wir hatten einen Preis vereinbart, mit dem ich und offenbar
auch die Klassen leben konnten und uns dann auf diese
Termine geeinigt – beginn um 8.15 bzw. um 10.15 Uhr.

Innerlich hatte ich Bedenken. Zum einen hab ich keinerlei
Erfahrung mit Kindern, denn ich habe keine und das Dasein
als Onkel von Nichten und Neffen blieb mir bislang
verwehrt, wegen Differenzen, die mein Bruder mit all den
Müttern seiner Kinder hat. Und so glaubte ich, keine
Erfahrung mit Kindern zu haben.
Zum anderen geht das natürlich emotional sehr tief, vor drei
Jahren lebte Vaddern noch, vor fünf Jahren hab ich noch an
Weihnachten ganz in Familie Gans verzehrt, Eltern sind
leider beide nach ihrem Tod mit Urne der See übergeben
worden und so hab ich bis heute nie einen richtigen Ort zum
trauern. Deshalb bewegten mich diese Führungen über die
Friedhöfe innerlich schon im Vorfeld sehr.

Aber alles halb so schlimm. Mit den Kindern machten diese Termine dann doch viel Vergnügen und mir war es hinterher eher peinlich, für den Spaß, den ICH dabei hatte, auch noch Geld entgegen zu nehmen.

Die Kids waren quirlig, stellten immer interessante Fragen und hatten aber auch von ihren Lehrerinnen Aufgaben bekommen, zum Beispiel Besonderheiten aufzuschreiben oder an Hand von mitgegebenen Fotos aus den Händen der Lehrkräfte bestimmte Gräber zu finden. Etwas Makaber in diesem Zusammenhang dann die ständig aufkommende Frage von Kindern: „Haben sie mein Grab gesehen?"

Meine Emotionen bezüglich meiner eigenen Verwundbarkeit, den Tod in meiner Familie betreffend, spülten die Kids einfach weg!

Siebzig bis achtzig Kinder in drei Tagen quirlen in meiner Erinnerung wie eine fröhliche, bunte, unbedarfte Masse an meinem inneren Auge vorbei.

Haften geblieben ist mir einzig die Begegnung mit der Baronin.

Von Beginn dieser dritten Tour an ließ dieses kleine Mädchen, Typ Abigail Breslin aus dem Film „Rezept zum Verlieben", nicht ihre Augen von mir. Ich spürte es, reagierte aber nicht.

Sie bleib auch während der Führung immer in Sichtweite, tollte mit ihren Kameradinnen herum, aber schaute mich immer wieder an.

An einem Mausoleum, bei dem ich die Kinder anstiftete, durch die Tür dort einmal hinein zu schauen, drängte sie sich dann an mich, stieß mich mit ihrem Ellenbogen verschwörerisch in die Seite und raunte mir zu:

„Ich kenn dich."

Sprachs und tollte wieder zu ihren Freundinnen zurück.

Ich grübelte.

Eine Tochter von Coni? Nee! Das hätte die mir erzählt, als wir uns vor fünf Jahren nochmals trafen. Von Mariechen, Antje oder Tina? Das war alles schon zu lange her.

Wieder ein Endchen weiter, wir waren nur noch eine Viertelstunde vom Friedhofsausgang entfernt, kam die Kleine erneut.

Am Ärmel zog sie mich zu ihrem Kopf herab und mit ihrer piepsigen Stimme fragte sie:

„Glauben sie an die Wanderung der Seele?"

„Ja!", sagte ich, „Ich glaube an die Wiedergeburt der Seele und das wir alle hier auf der Erde irgendeine Aufgabe im großen kosmischen Plan haben."

Da nahm sie meine Hand, drückte sie kurz und wich mir nicht mehr von der Seite.

Ich grübelte.

Am Ausgang in der Prenzlauer Allee machte ich meine Schlussbemerkungen über die Friedhöfe und verwies noch auf die gegenüber liegenden Reste der Bötzowbrauerei, dann führte ich den Zug noch bis um die Ecke in die Heinrich-Roller-Str. und von dort bis hinein in den sogenannten „Leise Park", wo die Kids nochmals tollen durften.

Die Kleine verließ meine Nähe und spielte aufgekratzt mit ihren Klassenkameraden, während ich mit Frau Metzdorf Geld und so machte.

Nach großzügig ausgelegten fünf Minuten spielen wurden die Kids wieder „eingesammelt" und zum Schulrückmarsch aufgestellt.

Ich verabschiedete mich ordentlich, wie es sich gehört und dankte den Schülern für ihre Aufmerksamkeit.

Gemeinsam verließen wir dann noch den „Leise Park" und während die Kinder in Richtung Marienburger Str. los zogen, bog ich zur Greifswalder Str. ab.

Da kam plötzlich nochmal die Kleine angerannt, nahm mich in den Arm, drückte mich und raunte mir noch, bevor sie wieder zurück zu ihrer Klasse lief, zu:
„Ich war mal die Baronin!"
Drückte mich nochmals und verschwand.

Und ich grübel bis heute.
Für ein Spiel war das zu ernst.
War das etwa die Bestätigung der Theorie von der unsterblichen Seele?
Ich weiß bis heute nicht, was ich von diesem Vorfall halten soll und damit ich ihn nicht mehr vergesse, hab ich das Geschehene einfach mal aufgeschrieben.

***

Sportschau
am 30.8./3.9.06

Ohne Werbung geht nichts! Sie ist das Schmiermittel der Wirtschaft! Schleichwerbung schmiert übrigens noch besser! Es ist normal, dass wir aus einer Straßenbahn steigen, die für Daimler wirbt, um mit einem, für Bombardier werbenden Bus weiter zu fahren, der uns, Peter Styvesandt-Travel sei dank, um die halbe Welt bringt! Ich hingegen ging jahrelang meilenweit für eine Camel-Filter!
Natürlich ist der Strom für die Wetterschau yellow, oder gelb! Kühe sind lila, die Telekom pink, Hertha blau-weiß und die SPD rot! Wir sehen im Sony-Fernseher die Allianz-Arena in dem das Milram-Team spielt und alles wurde gesponsert von Obi; ... und Teddy von Kaiser's hat sowieso das Herz am rechten Fleck!

Schon seit Jahren versuche ich meiner Freundin Tina begreiflich zu machen, dass die Sportschau nur eine Werbeveranstaltung für Industriebetriebe ist! Ginge Bayern München pleite, hätte Söder in seinem Ländle über tausend Arbeitslose mehr!

Schalten wir jetzt also um in die Schultheiß-Arena nach ... na ...äh... Siemensstadt, richtig! Dort erwartet uns jetzt unser Korrespondent Claus Hipp in der Punica-Oase zur Sportschau!

"Ja und hier sind wir wieder, live im Fernsehen mit freundlicher Unterstützung von Berliner Pilsner, dem Bier von hier! Nichts kann schöner sein, als Cola panschen! Und da geht es auch schon an den Start! Coca-Cola geht in Führung, dicht gefolgt von Pepsi! ... Pepsi kommt! Auf den hinteren Bänken sieht man Afri-Cola schwitzen, Coca-Cola macht weiter und ... was ist denn das? Da mischen auch noch die Außenseiter mit! Club- und Vita-Cola sind wieder dabei, Coca-Cola panscht aber unverdrossen weiter! Coca-Cola machts, Pepsi stört ein bisschen! Und was passiert da? ... Foul! Foul! Pepsin-Wein gehört in eine ganz andere Klasse! ... Buh! ... Pepsin-Wein raus! .... Aber nun, Vita-Cola überholt, Vita-Cola machts! Jetzt bringt Coca-Cola jemand neues an den Start! Cola-Zero! ... Aus! Aus! Aus! Pepsi hat gewonnen!

Kommen wir nun zum Schuhkauf aus den Goldpunkt-Passagen! Entgegen allen Erwartungen gehen Passagen in Berlin nicht! Und hier kommt schon die Teilnehmerliste: Lacosté, Puma, Salamander, Nike, Memphis und eine Hand voll Produkte aus Reno-Schuhfilialen stehen bereit! Was sagt denn unsere Expertin dazu?"

"Die Reno-Schuhe machen es!"
"Haben sie das gehört? Die Reno-Schuhe machen es! Und da geht es auch schon los! Das erste Paar ist gekauft! Der

Kunde nähert sich dem zweiten! Die Fans auf den oberen Rängen skandieren:
Salamander
Arsch aus'n nander
Arsch wieder zusamm'n
Und du bist dran!
Na? Na? Na? ... Gut! Richtig! Die Reno-Schuhe haben es gemacht! Tja, Reno, das ist noch echte, solide Kinderarbeit aus der III.Welt! Die zahlt sich hier aus!

Machen wir jetzt aber weiter beim Waschpulver-Weitwurf aus der Omo-Arena! Der erste Teilnehmer ist am Start! Er holt Schwung und .... legt die erste Weite vor! Tja, Persil! Da weiß man was man hat!... Schon steht der nächste Teilnehmer am Start! ... Na, so ein Pech aber auch! P 3 – Restbestände aus der NVA staubt nur! Hatte ja damals auch nicht umsonst den Beinamen: Russischer Winter! ... Jetzt kommts aber ganz dicke! Der weiße Riese mit seiner riesen Waschkraft! ....
Und ... Hui! Alles in die Fresse! Das kommt vom Gegenwind! ... Letzte am Start sind Ariel, Spee und Sunil! .... Aber ... das ist doch unfair! Wer wirft denn da mit Tabs? ... Das sieht hier aber alles sehr nach einem Remis aus! Oder? Was sagen denn die Linienrichter dazu? Ach! Die baden schon in Perwoll! Sehen ja aus, wie neu! ... Tja, kann man nichts machen! Kommen wir zur nächsten Disziplin!

Suppe kleckern steht nun auf dem Programm! Neben den zwei großen Herstellern Maggi und Knorr haben sich auch hier wieder weitere Produkte angemeldet! Und es geht los! Auf der rechten Bahn Maggi! Er nimmt den Wasserkocher und befüllt ihn! Knorr auf der Nebenbahn ist noch beim durchlesen der Bedienungsanleitung!"

"... Man nehme 0,25 Liter Wasser und bringe es auf kleiner Flamme ... allmählich ... zum kochen! ... aha!"

"In der Zwischenzeit hat Doktor Oetker die Instant-Hafersuppe zum Einrühren in Kalt-Wasser erfunden! ... Und hier! Schaun' sie mal nach oben! Die Arena kocht! ... Sehn sie mal, dort! Vielleicht kann das die Kamera auch zeigen? Aktivisten von Green-Peace entrollen ein Transparent:
Die Suppe von der Meisterklasse,
die ist doch meistens Kleistermasse!

Mitglieder des WWF auf der anderen Stadionseite halten dagegen:
Es fackelt schnell der Fackelmann
Brennt man ihm Hut und Fackel an!

Hier unten aber geht es brodelnd weiter! Das Maggi-Kochstudio hat schon den Quirl in der Hand, während Knorr-fix noch mit der Aroma-Versiegelung kämpft! Aber Maggi machts wohl! Maggi hat schon das Wasser am kochen, macht nun den Herd aus ... Achtung ... Eins-Zwo-Drei ... Pust-Pust-Pust .... fertig! ... Was für ein Tag heute, lieber Zuschauer und Zuschauerinnen! Wenn sie ein Kind haben und gerade jetzt gebären nennen sie es Maggi! Nennen sie es Maggi, liebe Zuschauerinnen!

Kommen wir nun zu den Ergebnissen der Bundesliga im Schokolade verschmieren! In der ersten Liga noch immer die Tafel-Schokolade und in der zweiten die Schokoriegel! Mars macht mobil bei Arbeit Sport und Spiel! Im Anschluss an diese Sendung hier berichten wir übrigens live von der Bounty vom Müsli-Paddeln! Also die Ergebnisse:
Sarotti – Trumpf 1 : 0 ... Klarer Sieg, nachdem Trumpf die Schogetten ins Spiel brachte,
Alpia – Ferrero 5 : 5 und
Milka – Nutella 2 : 3
Nutella kann einfach das schmieren nicht lassen! Damit steht Trumpf noch immer an der Tabellen-Spitze, Nutella ist letzter der Liga und wird wohl in der nächsten Saison in der Eiscreme-Liga spielen!

Und das war für heute wieder die Sportschau gesponsert von Jack Daniels-Travel, Kinderüberraschung und der Haifischflossensuppe von Nordsee, alles Gute aus dem Meer! In einer Woche berichten wir dann vom Hallen-Halma aus Rüsselsheim, vom Arzneimittel-Bingo, von der BZ-Verbrennung mit Hilfe der Deutschen Feuersozietät vom Sony-Center und vom Versicherungs-Kegeln aus Hamburg-Mannheim! Guten Abend!"

***

Straßenumfrage
am 15.5.09 (nach einer Straßenumfrage für unsere Zeitung)

Regelmäßig einmal im Monat kasteie ich mich selbst und unternehme eine Straßenumfrage, bei der ich richtige Menschen mit lebensnahen Fragen behellige. Meist machen wir das für die Zeitung, für die ich schon seit Jahren schreibe, gebündelt an einer Ecke, unser Photograph, der Redakteur für die Kulturseite und ich, manchmal traue ich mich aber auch allein für den OKbeat hinaus. Es ist für mich eine echte Herausforderung, fremde Menschen aus ihrem Alltag heraus zu zerren und ein zähes Gespräch anzufangen, aber diese Basis-Journalistische Tätigkeit auszuüben finde ich jedes mal faszinierend. ... Überlegen SIE / überlegt Ihr, lieber Zuhörer, ob Ihr Euch / Sie Sich von mir auf offener Straße anquatschen lassen würden /würdet! ...

Ich – mit Mikrophon in der Hand:
Guten Tag , ich komme .... Hallo, hätten Sie vielleicht .... Entschuldigung, ich bin .... Ähm, ich wollte sie .... Der OKbeat kommt heute nur zu ihnen mit der Frage ... Na, das ist aber ein süßes Baby! Haben sie gerade nicht viel zu tun? ... Mein Name ist Rolf Gänsrich und ich wollte sie mal fragen ... Guten Tag .... Hallo, ich komme vom OKbeat ..... Mh, gut, dann also ohne Mikrophon ... Mikrophon verstauen, Stift nehmen ... Hallo, hätten sie einen Moment

Zeit? .... Ist das ein süßer Hund! Sagen sie, können wir uns, während ihr Köter hier gerade in Ruhe auf den Gehweg scheißt, können wir uns mal eben unter ... ... Hallo, hallo, ich komme von der freien Presse und da wollte ich mal - also da wollte ich mal ... Junge Frau, ich will ihnen nichts verkaufen!

Sie: Das ist schade! Denn ich kaufe auf der Straße immer grundsätzlich alles!

Ich: Schade! .... Hallo, der Herr! Heute ist ihr Glückstag! Sie haben bei der freien Presse eine Umfrage gewonnen und da wollte ich ... Hi Bruder, was geht? .... Oh, Entschuldigung, ich habe sie jetzt fast nicht gesehen! .... Hallo, haben sie vielleicht eine Sekunde Zeit? Darf ich sie mal kurz fragen? .... He, wollen sie an unserer Straßenumfrage teilnehmen? Ja? Prima! – Na, also ein Bild für die Zeitung muss schon sein, sonst könnten wir uns die Antworten ja auch selber ausdenken! – Kein Bild? – Dann Sorry! ... Hallo, der Herr, da läuft gerade eine leicht entzündliche Flüssigkeit aus ihrem Koffer, kann ich sie mal eben fragen ... Nein, mein Kind, ich bin nicht der ständig besoffene Onkel Dieter aus dem Nachbarhaus, der hier gerade Koks verkauft! ... Hallo, ich komme von der freien Presse und habe nur eine Frage an sie!

Sie: Ja, bitte, worum geht es?

Ich: Können sie mir sagen, wie spät jetzt es ist?

***

Stulle mit Brot
am 11.8.09

Ich saß auf einer Bank am kleinen Weiher, als ich sie kommen hörte! Vier schlurfende Schuhe auf grauem Beton! Der eine sagte nur „Ja, ja! ... Ja, ja!", und nickte dabei. Das alte DDR-Elastik-Netz voller Billig-Bier, schlenkerte bei jedem Schritt des einen gewaltig und schlug dem anderen in dessen Kniekehle! Für mich war es nur noch eine Frage der

Zeit, wann die Flaschenhälse, die aus den Maschen des Netzes lukten, gegen irgendeinen harten Gegenstand stießen und abbrachen. Die andere Gestalt trug einen dieser bunten Kittel-Schürzen-Beutel in dem gleichfalls bei jedem Schritt Glas auf Glas schlug. Wie Brotkrumen so tröpfelte eine Flüssigkeit aus ihm heraus. In der anderen Hand hielten beide Männer eine bereits geöffnete Bierflasche, die sie wie eine Standarte vor sich her trugen. Dass sie taumelten, konnte also nicht unbedingt an der Sommer-Sonne liegen.

Nur zwei Parkbänke neben mir stolperte der eine der beiden mächtig, was ihn folgerichtig zu dem Entschluss führte, sich auf diese Bank zu setzen.

"Ja, ja, ja!", sagte der andere nochmals!

Beide stierten sich an, der eine sitzend, der andere, schwankend im stehen, wobei weiterhin Bierflaschenhälse aneinander schlugen. "Ja,ja, ja!", wiederholte er!

Den ersteren, Sitzenden, schien nun die Erzähl-Laune gepackt zu haben!

"Und denn hat meine Olle jesacht... ! – Hicks! – Und denn hat meine Olle jesacht ...! – Hicks! – Meene Olle hat jesacht ... ! – Hicks!"

"Na, wat hat denn nu deine Olle jesacht?", fragte der andere ungeduldig nach!

"Det kann se dir gleich selber sagen!", erwiderte der erste und schaute vage in die Richtung, aus der beide gekommen waren. "Ja, ja, ja!", sagte der andere!

In diesem Moment kam aus jener Richtung eine schlecht blondierte Frau undefinierbaren Alters, nicht ganz gerade den Weg entlang. Schon aus zehn Metern Entfernung roch ich Aldi-Deo, Urin, Haarspray, Schweiß und Fusel!

"Du musst ooch mal wat essen!", kreischte sie angesichts der beiden Herren und ließ ihren fetten Arsch auf die Bank fallen! "Du musst ooch mal wat essen! Det sach ick dir immer wieder!"

"Mach ick doch!", sagte der erstere der Herren. "Ick fresse jeden morgen eene Schrippe uff nüchtern'n Magen!", und bei diesen Worten entkleidete er seine "Madame" fast mit den Augen. Sie jedoch schüttelte sich angewidert, öffnete ihre knallrote, abgelederte Handtasche aus der Lippenstift, Tampons und eine Flasche Cinzano fielen, setzte die Flasche an den Hals, nahm einen gewaltigen Schluck Wermut und versuchte dann mit zitteriger Hand ihr Lippen-Rouge nachzuziehen.

Der stehende Herr konsternierte: "Ick hab schon mal so 'ne Radieschen-Stulle jejessen ... so mit echte Radieschen! Ja, ja, ja!" "Ha ick ooch schon!", sagte der Sitzende. "Aba da hat det so zwischen die Zähne jeknackt ... von die Radieschen!"

"Quatsch!", sagte die Frau und entblößte mit breitem Grinsen ihren Zahnlosen Mund! "Da knackten nur deine morschen Jacketkronen! Det haste davon jehabt! Ick wunder mir sowieso jeden Morjen, warum deine Zahnbürste feucht is! Hast doch janisch mehr inne Fresse!"

Das Gekicher der Frau und des stehenden Mannes, der sich gerade sehr offen das Gemächt kratzte, glich eher einem Pferdegewieher, als einem Gelächter. Mit hochrotem Kopf nestelte die "Dame" am Verschluss ihrer Hose und entschwand hinter einer kleinen Tanne!

"Ick hab ooch schon mal wat anderet jejessen!", erwiderte der, auf dessen Kosten der Scherz eben gegangen war! "Kennste so Milchreis?", fragte er den Stehenden und setzte nach: "Na Milchreis!? ... So zum essen?"

Bei dem Stehenden wusste ich nicht, ob er nur wankte oder ob der tatsächlich seinen Kopf schüttelte.

"Mensch so Mülschreis! ... Da machste die Tüte uff und drückst den so uff'n Teller!"

Madame hatte in der Zwischenzeit ihren Lidstrich nachgezogen und kam hinter der Tanne wieder hervor!

"Mönsch du kennst doch Mülschreis!"

Wohl nur um seine Ruhe zu haben, sagte der Angegriffene: "Ja, ja, ja! Kenn ick doch! Is doch det selbe wie Grießbrei! ... Nöö, aber am liebsten ess ick so Stulle mit Radieschen! Det knackt immer so schön zwischen die Zähne!"

Der Sitzende, der wohl in diesem Moment im Sitzen urinierte, denn irgendeine Flüssigkeit lief dort die Bank entlang ... ich konnte es sehen ... griff sich die Cinzano-Flasche, nahm einen Hieb daraus und sagte: "Ha-ick doch, ... ha-ick doch ... ha-ick doch allet schon mal jemacht! Sojar Stulle mit – hicks – Stulle mit – hicks – Stulle mit Brot ha-ick jejessen!" und bestätigte dies durch ein ausgiebig kräftiges Nicken mit dem Kopf! "Und Teewurscht," setzte er nach, "Teewurscht kann man ooch essen!" Hier nickten alle! "Ja, ja, ja!", sagte der Stehende, der sich wieder wo kratzte!

"Ick hab ooch schon mal Bauernmettwursch jejessen!" Wieder nickten alle und die Dame setzte nach längerem überlegen, einem tiefen Schluck Cinzano und einem Lippennachziehen hinzu: "Gold-Broiler hab ick ooch schon mal jejessen!" Alle drei nickten friedlich! Ja, Gold-Broiler hatten wohl alle drei schon ... irgendwann ... mal gegessen! Während nun sie sich auf ihn und er sich auf sie stützte, standen die beiden Sitzenden auf. Die Flasche Cinzano kreiste, die Bierflaschen klirrten und sie schlurften davon. Während sie sich allmählich von mir entfernten, hörte ich, wie sie sagte: "Und bei dem Broiler waren Pommes-Frites .... die hab ick ooch jejessen!" Zustimmendes Gemurmel der anderen folgte.
Der eine Herr kratzte sich indes erneut wo! "Letztens hab ick irgendwo Glüh-Birnen jekooft!" Der andere unterbrach ihn, und es waren die letzten Worte, die ich hier verstand: "Glüh-Birnen kann man NICHT essen! ... Nee, kann man nicht!" "Ja, ja, ... ja-ja!"

***

Terrorismuswarnung

am 16.7.07/6./7./8.8.07, Überarbeitung für Th.M.Wendt am 23.9.07, weitere Überarbeitung vom 6.11.07

"Los! Los! Knall ihn ab! Der sieht doch nun wirklich aus, wie ein Terrorist!", kreischte Udo neben mir.

Seit man beschlossen hatte, Osama Bin Laden zum Abschuss frei zu geben, seitdem gab es in unserer Straße keine bärtigen Männer mehr! Die meisten Frauen waren indes bislang noch mit dem Leben davon gekommen, aber man konnte ja nie wissen, wer noch so alles verdächtig war, deshalb ballerten wir, vorsorglich, nun auch schon mal so hin und wieder eine Frau ab!

Bei meiner Bank gab es bereits seit einiger Zeit einen super günstigen Kredit, der an den Kauf einer Waffe gekoppelt war, seitdem zählte auch ich wieder zu den glücklichen Konsumenten der Gesellschaft. "Baller erst, frag später!", hatte es in der Werbeanzeige geheißen.

Irgendwann gingen uns in unserer Straße die brauchbaren Ziele aus, aber davon ließen wir uns erst einmal nicht verdrießen und so ballerten wir als nächstes ahnungslose Hartz-IV-Empfänger und anderes Gesindel über den Haufen.

Als es auch diese nicht mehr in unserer Straße gab, verlegten wir unsere Aktivitäten von meinem Balkon, auf dem wir bisher gelauert hatten, auf die angrenzenden Parkanlagen.

Als keine Straßenbahn mehr fuhr, wir allein im Supermarkt herum geisterten, auf der Berliner Stadtautobahn Löwenzahn wuchs und wir Tagelang durch die Stadt streiften, ohne lohnenswerte Beute zu entdecken, knallten wir alles ab, was sich sonst noch so bewegte, Ratten, Füchse, Karnickel, brütende Spatzen ....

Schließlich Udo motzte auch immer häufiger, was mich stutzig machte. Irgendein Schwachmat hatte wohl seine Frau gekillt. Da er seine zwei Kinder nun auch schon seit Wochen heimlich im Keller versteckt hielt, kam er mir allmählich höchst verdächtig vor. ... Ich hatte sowieso nur noch drei Patronen ....

Eine strahlende Sonne erschien auf dem Bildschirm meines PCs! „Game over - gewonnen!", säuselte eine heiße Frauen-Stimme immer wieder aus den Kopfhörern in meine Ohren. In die freundliche Sonne hinein schob sich der Schriftzug: „Nächstes Level freigeschaltet!" und vor mir erschien eine Familie mit ihren Kindern ...

***

Text für Opener am 7. Mai 2010 für eine Veranstaltung im Rathaus Schöneberg
am 26.4.2010

A: Mensch, lass mich, lass mich doch auch mal nach vorn!
B: So ans Publikum ran?
A: Ja, komm, los, lass mich!
C: Künstler sind ja von hause aus sehr eigen ...
D: Und jeder will seinen Platz bei so einer Veranstaltung.
E: Jeder braucht so seinen Raum für seine Kunst!
F: Was ist das überhaupt für eine Veranstaltung heute?
E: Weiß auch nicht!
A: Kunst trifft Kultur oder so!
E: Gehört das nicht zusammen?
D: Sicherlich, ja!
B: … ist aber nicht zwingend!
C: Gib mir doch mal einer ein Beispiel!
A: Also wenn du dich im Gesicht anmalst und in den Grunewald joggst, ist dein Gesicht für mich Kunst, weil Body-Painting! Wenn sich der Bewohner in seiner Hütte mitten auf der Dschungel-Lichtung am Amazonas im

Gesicht anmalt und sich seinen Speer schnappt und in den Wald düst, ist das für mich Arbeitskleidung!

B: So gesehen, hast du sicher recht.

C: Was, wenn nun aber Leute aus verschiedenen Kulturkreisen in einem Raum sind, sich zum Teil in den Gesichtern anmalen und anschreien ....

D: ... dann ist das'ne Disco am Prenzlauer Berg …

F: ... lass doch mal bitte ausreden ...

D: … sich auf sowas wie'ner Bühne bewegen, Metalldrähte und Ziegendärme über Resonanzkörpern streichen oder Zupfen, wenn sie mit vielen ausladenden Bewegungen und Gesten süße, nette, herrliche, doofe Geschichten erzählen, sich in Versen verneigen und die ganze Menschheit hochleben lassen ... was ist das dann?

A: Na   icke würde sagen, det is denn een jelungener, künstlerischer Abend!

E: So wie das, was Sie hier heute erwartet!

F: Und was beweist das?

B: Dass wir hier ein Beispiel sind! Ein Beispiel für die ausgezeichnete Zusammenarbeit verschiedenster Menschen aus vielen Kulturen, bei dem jeder sein Päckchen zu tragen hat, wenn das auch nicht immer sichtbar ist.

A: Ja, ja, ich merke, auch an den Volksstamm der Ossis denkt man hier!

B: Hoffen wir, dass unser Beispiel heute Schule macht, Vorbild ist für weitere Projekte!

C: Liebes Publikum, freut Euch auf einen künstlerisch wertvollen, kurzweiligen und unterhaltsamen Abend mit so unterschiedlichen Leuten, wie sie selten gemeinsam auf der Bühne stehen!

***

Und in jedes Buch hinein
leg ich denn 'ne Kartoffelscheib' ein

92

Timm
am 23.4.09

"Endlich", "endlich" ist genau das da, worauf Millionen Berliner nicht gewartet haben! Seit heute sendet auf der ehemaligen TV-Frequenz des FAB-Fernsehens (Fernsehen aus Berlin), der TV-Sender "TIMM"! TIMM ist feucht-schwules Fernsehen mit all den Themen, die einen Bürger wie mich auch nicht interessieren: Wo sind die geilsten Gay's? Wie geil sind die geilsten Gay's? Und welche geilsten Gay's machen geil?
Also 'n extraschwules Fernsehen ist mir lieber, als noch ein Programm à la DSF-Vormittagssparte > "...ruf mich an! ..."
Aber wenigstens ein paar tiefere Inhalte könnte man ins Programm einfließen lassen und es nicht oberflächlich beim Sex allein belassen.

***

Tinas Dialog
am 30./31.5./1./4./5.6.06

Er: Hallo Tina! Was ist denn los, dass du abends nach acht unangekündigt bei mir vorbei schneist?
Sie: Es geht mir ja heute so schlecht!
Er: Wieder Stress auf Arbeit?
Sie: Ja, wie immer!
Er: Tja, deine Chefin hat es nicht leicht mit dir!

Sie: Na, ich mit ihr aber auch nicht! Alles fing mit der Eröffnung dieser blöden neuen Bahnhöfe vor einigen Tagen an. Du erinnerst dich doch noch.
Er: Ja, am Samstag sind wir zuerst zum Südkreuz gefahren. Haben uns den Bahnhof angeguckt, dann wollten wir weiter, uns den neuen Hauptbahnhof ansehen und auch noch die neuen Fernbahnsteige in Gesundbrunnen. ... Wo warst du eigentlich?
Sie: Na, du warst plötzlich weg! Dich erwischte es auf dem

Ringbahnsteig, als wir aus der S-Bahn am Südkreuz ausstiegen. Du meintest, dir würde der Geruch auf dem Bahnhof bekannt vorkommen und weg warst du! ... Du hattest einen so absonderlichen Glanz in den Augen ... wie beim Sex mit mir!

Er: Tja, ich bin immer nur der Nase nach. Und plötzlich, unten auf dem neuen Fernbahnsteig, stand sie vor mir, wie aus einer anderen Welt und so vollkommen unpassend auf dem neuen Bahnhof! Eine echte Dampflok der Baureihe 03 stand da und qualmte so vor sich hin. Als ich mitbekam, dass der Zug in zehn Minuten abfährt, habe ich mich unter die anderen Leute dort gemischt...

Sie: Und du warst weg! Also bin ich wieder auf den oberen Bahnsteig. Da traf ich aber zufällig nur auf meine neue Chefin. Die war mit ihrem Mann und ihren Kindern da. Sind ihre Kinder süß, so richtig süß, so wie Kinder eben immer sind. Sie hat ja auch einen tollen Mann. Wir haben dann zusammen einen Rotwein getrunken und weil ich dich dann immer noch nirgends entdeckt habe, bin ich wieder zu mir nach hause gefahren.

Er: ... plötzlich nahm der Heizer seine Schaufel, die Lok pfiff und dampfte donnernd los! Das war ein Anblick, sage ich dir ... das Gestänge, wie die Beine von Claudia Schiffer, so elegant und weich und wie aus einer anderen Welt .... Dampfloks sind doch etwas Wunderbares ... du kannst dir überhaupt nicht vorstellen, wie das ratterte und flatterte, ... Na, Dampfloks leben eben. ... Sag mal, als du mich nicht mehr gefunden hast, warum hast du mich nicht auf deinem Handy versucht anzurufen? Du hast es doch immer dabei?
Ich war doch nur da unten bei der Dampflok, die ihre schwarzen Rauchschwaden in den Himmel schickte ...

Sie: Ja, aber du weißt doch, dass ich mein Handy nie anmache, wenn ich unterwegs bin. Na und so habe ich dann auch den Sonntag verbracht. Ich war zu hause und habe über meine Chefin gegrübelt. Du weißt doch, dass ich die erst seit Anfang des Monats habe. Aber mit der habe ich genau die selben Schwierigkeiten, wie mit meiner alten. Als ich dann am Montag früh zur Arbeit kam, war die schon längst da. Die muss ja schon vor halb sieben da gewesen sein. Sie hat mir'n Kaffee gemacht und ich soll sie jetzt zwar weiter mit „Sie" anreden, aber ansonsten, „Simone" sagen. Und als wir uns ausgesprochen hatten, hat sie mir die erste Post zum abarbeiten gegeben.

Er: Du weißt ja, früher schon als Kind wollte ich unbedingt Lokführer auf einer Dampflok werden. Da durfte man sich so richtig schön dreckig machen.

Sie: ... Ja und zum Mittag hat sie mich zwar gehen lassen, aber ich musste Montag die ganze Wochenendpost abarbeiten. Die ganze! Auch die E-Mails! Ich musste sogar zwanzig Minuten länger bleiben, als ich wollte. Ist zwar nur Gleitzeit, aber so habe ich mir das nicht vorgestellt.

Er: Ich dachte ja immer, eine Dampflok ist überall heiß, aber die Windleitbleche sind es zum Beispiel nicht. Hab die extra angefasst!

Sie: Und nun stell dir mal vor, den ganzen Rest der Woche war meine Chefin auch jeden Tag eher im Büro, als ich! Jeden Tag! Die muss doch schon morgens um fünf bei sich zu hause losfahren! Na und unser Praktikant, der Dietmar, lässt sich immer erst um neune blicken. Da bin ich dann die ganze Zeit lang mit meiner neuen Chefin alleine ... !

Er: Du kennst doch auch die Harzquerbahn! Da bin ich mal vor Jahren auf dem Führerstand einer Dampflok mitgefahren! So'ne Dampflok ist ja ein ganzes Kraftwerk auf Rädern. Das merkt man auch!

Sie: Und nicht nur, dass die auch immer wieder kontrolliert, was ich so mache, nein, sie weist den Praktikanten auch noch selber an! Das musst du dir mal vorstellen!

Er: ... und wenn das dann rattert und schnauft und die Scheiben flattern ...

Sie: Ich konnte nie pünktlich gehen. Immer musste ich zum Supermarkt hetzten, bevor ich dann mit hängender Zunge nach hause gehechelt kam, um "Verliebt in Berlin" zu sehen. Ein ganz schöner Stress ist das!

Er: ... und wenn das dann so rattert und schnauft und so herrlich nach Dampflok stinkt, dann merkt man doch erst, was Leben ist.

Sie: Schön, dass ich mich bei dir wieder ausquatschen konnte. Du bist wenigstens immer für mich da! ... Na, zum Glück habe ich ja in drei Wochen auch endlich Urlaub.

Er: Und dann reisen wir gemeinsam nach Rügen ... um dort beim „Rasenden Roland" mit der Dampflok zu fahren!

***

Tinas Feuerzeug - oder – acht Wochen ohne Zigarette
am 7./8./9./18.5.05

Gib doch mal bitte das Feuerzeug rüber, ich brauch was zum spielen! ... Nun hab dich nicht so ... ich brauche nur was zum spielen für die Hände ... ich rauch doch nicht mehr!
Was? Das ist dir noch nicht aufgefallen, dass ich nicht mehr rauche? Ich rauche schon seit achtzehn Wochen nicht mehr! Und das fällt dir nicht auf?
Entschuldige, aber ist es dir denn aufgefallen, wenn ich geraucht habe? .... Ach, dir ist immer nur aufgefallen, wenn ich zu viel geraucht habe?

Ist dir sonst noch was aufgefallen?

Nun sei so nett und gib mir doch das Feuerzeug ... du machst mich schon ganz nervös!

Ja, ich könnte auch mit was anderem spielen, aber das würde dir als Frau bestimmt nicht gefallen ... und ich denke dabei nicht daran, mit dir zu spielen, was ja irgendwie auch nicht schlecht wäre, ich bin schließlich nicht Michael Jackson, der sich bei jedem Schritt in den Schritt fasst, ... du verstehst, was ich meine. Ja, ein Bleistift täte es ja auch, aber dann fang ich womöglich noch an, dir deine Tischdecke zu bekritzeln und Kugelschreiber schraube ich beim spielen immer auseinander und dann schnippst die Feder von dem weg oder die Miene landet in der hintersten Ecke unter dem Sofa.

Nun gib mir doch einfach mal das Feuerzeug! Es tut dem Feuerzeug doch keinen Abbruch, wenn ich damit spiele, ich tu ihm doch nichts und DU willst doch jetzt sowieso nicht rauchen!

Als ich noch geraucht habe, habe ich in den letzten Jahren vor allem damit Geld beim rauchen gespart, weil ich Tabak geraucht habe und Tabak billiger ist. Aber auch das Drehen ... schon dadurch hab ich weniger geraucht. Man kann ja nicht in jeder Situation drehen ... beim Sturm zum Beispiel oder bei Gewitter ... im Auto an der Ampel, da ging das schon ... die Fluppen sahen dann zwar meist wie Tüten aus, aber Hauptsache es qualmte und ICH wusste, dass ich da Zigarette und nicht Tüte qualmte.

Wenn ich jetzt dein Feuerzeug zum spielen in den Händen hätte, würde mich das wenigstens ein bisschen an das Zigarettendrehen erinnern und ich wäre jetzt ruhiger!

Sieh mal, wenn man mit einem Feuerzeug spielt, dann ist das nicht nur ein Feuerzeug. So quer gesehen, in diesem Winkel, ... na das regt doch die Phantasie an ... sieht doch aus, wie ein neuer Shuttle von Raumschiff Enterprise. Ja, ein Feuerzeug ist auch ein Kunstwerk ... hier das kalte, glänzende Metall, da die Wärme des Plastiks. .....

Wie haben die Menschen eigentlich früher Feuer

gemacht? ... Ich meine, ganz früher! Sei froh, dass ich dich jetzt nicht um Stein, Stahl und Zunder bitte, das sind ja gleich drei Dinge, die man verlegen kann. Ein komplettes Feuerzeug verlegt man nur einmal!

Liebste, sei doch heute einmal nett zu mir und gib mir nur mal kurz das Feuerzeug! .... Büüüütte! .... Du bekommst es doch sofort zurück, sowie wir unser Gespräch hier beendet haben.

Sei ein Schatz, Schatz.

Was heißt, das gesamte Gespräch hat sich bisher NUR um das Feuerzeug gedreht und ich würde einzig in meinen Monologen schwelgen?

Nun hab dich nicht so zickig! Du weißt doch, ich liebe nur dich ... und deine Grübchen in den Wangen, wenn du lächelst!

Aber es wundert mich schon, dass es DIR nicht aufgefallen ist, dass ich schon so lange nicht mehr rauche. Ich meine, wir sehen uns doch regelmäßig ... und da ist dir das nicht aufgefallen? ... Es gibt keine Zigarette danach in der Küche, mein Atem ist sauberer, meine Klamotten stinken nicht mehr so ... und das ist dir nicht aufgefallen? ... Achtest du überhaupt auf mich? ... Ich glaub, du hast mich noch NIE so richtig beachtet ... mich nicht, meine Bedürfnisse nicht ....
ja ... sonst hättest du öfter Sex mit mir und würdest mir nicht im Auto bei heiklen Situationen ständig ein Ohr abkauen mit deinen, schon hundertmal erzählten Geschichten aus deinem Berufsalltag und von deinem Kollegen Dietmar!

Wer ist Dietmar überhaupt? Ich hab ihn noch nie gesehen, aber ständig erzählst du mir was von dem. Willst du mich etwa eifersüchtig machen? Das schaffst du doch sowieso nicht bei mir.

Na ... Was hat DER nun, was ich nicht habe? Na?

Ich beruhige mich ja sofort wieder! ... Na, was ist? ... Ich weiß doch, dass du ständig über ihn redest, aber irgendwas muss er doch an sich haben, sonst würdest du nicht über ihn lästern. Was sich neckt, das liebt sich, so heißt es doch!

Verdammt, ich lieb dich doch, aber EINE ehrliche Antwort könntest du mir doch MAL geben!

Ich bin nicht wütend auf dich! Wie kommst du darauf? War ich bisher jemals wirklich wütend auf dich! ... Nein, du weißt nicht, wie wütend ich seien kann, wenn ich mal richtig wütend bin!

Ja, gib mir schon das Feuerzeug! Gib es her! Das ist das erste, was ich nach dir schmeiße Hier, nimm dein dämliches Feuerzeug sofort zurück! Ich brauch es nicht mehr. Ich brauch auch dich nicht mehr! Monologe kann ich schließlich alleine halten und dazu brauch ich dich nicht und dein Feuerzeug schon gar nicht!

***

Tinas freier Tag
am 27.7.05 - geht zurück auf einen freien Tag am 2.7.2003

Schon seit Wochen hatte sich Tina auf ihren freien Tag gefreut! Sie könnte bis in den Morgen hinein mit Udo guten Sex haben, anschließend mal richtig ausschlafen, sie könnte durch wunderbar leere Geschäfte shoppen, sich am Nachmittag im Mauerpark die Sonne auf den Pelz brennen lassen und am Abend mit ihrer Freundin Ulrike gemütlich in einem Biergarten das ganze ausklingen lassen. Ein wunderbarer Tag und morgen war es soweit. Tina schloss nach Feierabend rasch ihren Laden ab, erwischte sogar noch die S-Bahn um dreizehn nach und war bereits kurz vor zwanzig Uhr zu hause.

Wer nicht da war, war Udo. Sie merkte es, als sie in ihre Wohnung kam. ... Diese Stille ... alles noch genauso, wie sie es morgens verlassen hatte …

Statt dessen bemerkte Tina einen Anruf auf dem AB! Udo, offenbar mit einem „Knoten in der Zunge" faselte etwas von Auto kaputt und von dem Abstecher zu Peter, der ihm am

Wagen sicher helfen könne und sie solle sich keine Sorgen machen, er komme bald.

Tina machte den Fernseher im Wohnzimmer an, damit sie die Stille in der Wohnung nicht mehr ganz so erdrückte, packte in der Küche ihre tagsüber erledigten Einkäufe aus, deckte den Abendbrottisch in der Essecke auf dem Balkon und nahm anschließend noch ein ausgiebiges Bad.
Die Zeit verrann. Als es draußen dunkel war, räumte sie den Balkon auf, setzte sich allein an den kleinen Tisch in der Küche und verzehrte ein paar Brote. Anschließend lümmelte sie sich in ihrem großen Wohn- und Schlafzimmer aufs Sofa und zappte, alle Kanäle des Fernsehers der Reihe nach durch. Was sie interessierte, da blieb sie hängen und allmählich döste sie hinweg.
... Der Fernseher ... die ideale Einschlafhilfe!

Der Kriegslärm des Nahen Ostens ballerte, per ARD, gerade mitten hinein in ihr Zimmer, als sie von Geräuschen aus Richtung Wohnungstür aufgeschreckt wurde. Nach mehrmaligem poltern im Hausflur, wurde im Schloss ihrer Wohnungstür herumgewerkelt und die Tür auch geöffnet.
Tinas Schlaftrunkenheit war verflogen, als Udo, freudestrahlend, mit einem riesigen Strauß Rosen in der Hand, wankend, sich mit der anderen Hand im Türrahmen des Zimmers festklammernd, vor ihr stand. Seine Alkoholfahne trug er wie eine Standarte vorne weg.

„Sss hat'n bisschen länger gedauert! Peter ... rülps ... guckt sich den Wagen morgen an!" Udo, setzte sich in den ersten Sessel, den er greifen konnte, schaute sie nochmals mit glasigen Augen an, legte dann den Kopf zur Seite und schlief im nächsten Moment ein.

So hatte sie sich diesen Abend nicht vorgestellt. So nicht! Wütend ließ sie Udo dort, wo er war, dann verschwand sie nochmals kurz auf der Toilette, zog sich ihr Nachthemd über, kletterte auf das Hochbett im Zimmer, ließ den Fernseher, per Timer, noch eine Viertelstunde laufen und versank in tiefem Schlaf.

Mitten in der Nacht wurde sie durch sehr nahen Alkoholdunst geweckt. Udo drängelte sich von hinten an sie heran. Vorsichtig, weil er dachte, sie schliefe, versuchte er mit der Hand ihre Beine im Schritt etwas zu spreizen, ... aber genau in diesem Moment wurde Tina hellwach. Wie eine Furie setzte sie sich urplötzlich im Bett auf und bläkte ihn an: „Du Mistsau! Fick doch deinen bescheuerten Peter und verschwinde aus meinem Bett!" Irgend etwas, in seinen nicht vorhandenen Bart brummend, hievte sich Udo vom Hochbett, dann rumorte es wenig später unter ihr auf der Fernseh-Couch und noch ein wenig später schnarchte Udo unter ihr laut.
Damit war für Tina die Nacht erledigt. Mit jedem Atemzug ... und jedem Schnarcher von Udo ... wurde sie nur noch wütender, und Udo schien heute den gesamten Grunewald absägen zu wollen. ... .
Erst gegen morgen, nachdem Udo geräuschvoll die Wohnung verlassen hatte, um arbeiten zu gehen, dämmerte Tina hinweg und schlief schließlich ein.

..... aber nicht lange! ...

Berlin erwachte. Ihre kleine Wohnung in der zweiten Etage, Vorderhaus, lag zwar in einer Nebenstraße jedoch war die nächste Hauptstraße von ihrem Balkon aus einzusehen und deren zunehmender Lärm brach sich an der Fassade des Hauses gegenüber. Tina wurde das erste mal geweckt von der Hupe eines PKW und dem Ruf: „Yvonne, kommste jetzt?"
Tina war kaum wieder hinweg gedämmert, als der Getränkemarkt im Nebenhaus offenbar Ware bekam. Erst rumpelte der schwere LKW durch ihre Straße, hielt laut zischend und pfeifend dank Druckluftbremsen, dann

rumpelten Hubwagenräder mit Euro-Paletten über den Gehweg und, trotz überwiegend P.E.T., klapperten zu allem Überfluss auch noch irgendwelche Wein–Flaschen.

Ab etwa halb acht mehrte sich der Lärm von Kindern, Tinas Pech an diesem Morgen, denn ihr Haus lag in der „Einflugschneise" einer Grundschule einige hundert Meter die Straße hinauf.

Das Tatüü-Tataa einer fernen Polizeisirene trieb sie endgültig aus dem Bett.

Schlaftrunken schlurfte sie ins Bad, formte mit den Händen auf ihrem Kopf irgendeine Wuschel-Frisur und setzte gerade ihre Zahnbürste an die Lippen, als es an der Wohnungstür klingelte. Sich nur schnell einen Bademantel überwerfend, öffnete sie. Vor ihr standen zwei Gestalten, ein Mann und eine Frau. Während der Mann ihr eine Zeitschrift mit dem Titel „Der Wachtturm" entgegenhielt, flötete die Frau ihr ein „erwachet!" entgegen.

„Nein," sagte Tina, „ich kaufe nix und ich werde mit ihnen jetzt auch nicht über Gott sprechen und deshalb wiederzukommen brauchen sie auch nicht."

Ihrer Argumente beraubt, verstummten die beiden Gestalten sofort und wendeten sich ab. Beim schließen ihrer Wohnungstür fragte sich Tina, wer zum Teufel diese beiden wohl ins Haus gelassen haben konnte, denn die Haustür war IMMER zu, wenn Tina kam.

Sie war kaum im Bad, als sie die Antwort auf diese Frage indirekt bekam. Im Innenhof des Hauses polterten lautstark die Müllcontainer.

„Den anderen ooch!", hörte sie eine kräftige Männerstimme, was sich wohl auf den anderen Müllcontainer bezog.

Als sie kurz darauf in ihrer kleinen Küche frühstückte und bei „r.s. 2" dieselbe Musikschlaufe, wie schon in den letzten zwei Wochen lief, klingelte es erneut an ihrer Wohnungstür. An der Wechselsprechanlage meldete sich aber niemand und auch vor ihrer Tür stand keiner, lediglich Gepolter im

Hausflur zeigte ihr, dass dort wohl irgendwer zugange war. Bis zum späten Vormittag hatte sie einige male den Türsummer betätigt, wobei sich nur eine Person, ein Zusteller der PIN-AG, bei ihr über die Sprechanlage bedankte, außerdem nahm sie von der Deutschen Post noch zwei Päckchen für Frau Meier im Hinterhaus und ein Paket für Herrn Lehmann im linken Seitenflügel entgegen.

Gegen halb elf wollte man ihr an der Wohnungstür ein Zeitungs-Abo verkaufen, um elf sammelte die Volkssolidarität und kurz darauf stand jemand von einem Telekommunikationsunternehmen vor ihr, der ihr erklären wollte, warum man gerade mit „Tele 2" besser telefoniert. Zu irgend etwas gekommen war Tina an diesem Vormittag bislang nicht. Allmählich wurde ihr klar, weshalb Arbeitslose nie Zeit haben.

Als es um kurz vor zwölf erneut bei ihr an der Wohnungstür klingelte und sie nun schon wutschnaubend öffnete, stand plötzlich der Hausmeister vor ihr. Ob er mal zu ihr rein kommen könne, denn irgendein anderer Mieter habe sich beschwert darüber, dass das Kabelfernsehen vormittags ständig bei ihm ausfalle und nun wolle er, der Hausmeister, mal von einer anderen Stelle im Haus die Kabel durch-checken. Tina ließ ihn ein.
Als sie dem Hausmeister, aus lauter Höflichkeit, nach einer halben Stunde Arbeit, wobei er bei ihr im Wohnzimmer natürlich Dreck hinterließ, in der Küche ein Glas Wasser anbot, sah dieser sich nun seinerseits genötigt, ihr noch schnell, so nebenbei, ihren tropfenden Wasser-Abfluss in der Spüle zu reparieren, was eine weitere halbe Stunde dauerte und gleichfalls Dreck, nun aber in der Küche, verursachte.

Mittlerweile war die Mittagszeit fast vorbei und Tina knurrte der Magen. Deshalb bestellte sie sich telefonisch eine Pizza.

Es ging bereits auf 14 Uhr zu, als die Pizza kam. ... Mh ... lecker! Ihr „tropfte der Zahn". Also nichts wie Pizza aus der Schachtel nehmen, auf einen Teller legen, Besteck gegriffen und raus auf den Balkon! ...

In diesem Moment klingelte das Telefon.

Ulrike am anderen Ende. Sie habe sich gestern mit Peter gestritten und nun gehe es ihr heute nicht so gut, ob sie nicht beide an einem anderen Abend ein schönes Glas Wein trinken könnten, sie müsse sich heute wieder mit Peter ... Tina verstehe doch. .... und Tina verstand.

Die Pizza war mittlerweile kalt.

Kein Problem. Ab damit und zehn Minuten in den Herd. ...

Tina saß kaum wieder auf dem Balkon, Tina hatte gerade mal einige Bissen der Pizza verzehrt, als sie von der Straßenseite gegenüber ein „Hu-hu! Machst du uns auf?" hörte.

Ihre Eltern.

Nicht auch noch die!

Tina ging zur Wohnungstür, betätigte den Summer und hörte schon, wie ihre Mutter, mit ihrer durchdringend nervigen Stimme, die an Angela Merkel oder eher an Verona Feldbusch erinnerte, schon auf dem Hausflur flötete: „Setz schon mal Kaffee auf, wir haben leckeren Kuchen mitgebracht!"

Dass Tina täglich auf Arbeit jede Menge Kuchen um sich herum hatte und sie nicht auch noch an ihrem freien Tag damit zu tun haben wollte, hatte Mutti wohl nicht bedacht.

„So, Püppi," hob ihr Vater in der Wohnung an, „wir dachten, wir besuchen dich mal an deinem freien Tag, Püppi."

Tina hasste die Anrede „Püppi" durch ihre Eltern. „Püppi" war seit einem Jahr über vierzig! „Püppi" hätte selbst schon fast Großmutter sein können, wenn sie gewollt hätte, aber das vergaßen ihre Eltern immer und immer wieder.

In den nun folgenden Stunden erzählten ihr ihre Eltern haarklein den neuesten Familientratsch, darunter genau acht mal, was ihre bescheuerte drei-jährige Nichte Stefanie alles gesagt, getan, gemacht hatte, ... mehrmalige Wiederholungen dieser Vorgänge in diesen Stunden nicht inbegriffen.

„... Die sah dann sooo süß aus, mit der ganzen Schokolade im Gesicht und in den Haaren... wirklich, sooo süß ....!"

Ihre Eltern waren gerade gegangen und Tina hatte die angefangene Pizza, auf die sie heute nun wirklich keine Lust mehr hatte, im Kühlschrank verstaut, als sie sich des 17-Uhr-Termins mit ihrem Versicherungsvertreter bei ihr in der Wohnung entsann.

„Ach, hallo, Herr Damaschke, da sind sie ja schon! Sie wollten mit mir über die aktuellen Änderungen in meiner Auto-Haftpflicht reden? Na, dann kommen sie mal rein."
Herr Damaschke hatte viele Änderungen. Und Herr Damschke hatte wohl auch Zeit. So kochte Tina einen Kaffee und noch einen Kaffee ... ...
Kurz vor neunzehn Uhr ging er wohl, denn als Tina sich, zur Entspannung, vor ihrem Fernseher in die Polster der Couch fallen ließ, liefen die „heute-Nachrichten" im ZDF gerade an.

Kurz darauf kam Udo von Arbeit. Er brauchte Tina nicht erst lange zu überreden, sich noch mit ihm gemütlich in das Kaffee, direkt am Stadtpark, zu setzen. Als sie schließlich das erste Glas Rotwein in der Hand hatte, fragte er sie: „Und, wie war es heute?"
Darauf Tina: „Ich nehm' nie wieder einen freien Tag!"

***

Wie wär es mit 'nem „Hiddentrack"?
Das machte manchmal Fleetwood Mac.

105

Tortillas
am 6./13.1.06

Wieder einmal war ich bei Detlef und Monika zu Gast. Im Schlepptau hatte ich meine nigelnagelneue Eroberung Christina. Bisher hatten Tina und ich nur traute Zweisamkeit im, bis auf den letzten Platz ausgebuchten, Kino durchgeführt, waren allein und von der Weltöffentlichkeit unbeachtet im Zoo, dann auch auf dem Helmholtzplatz und "Unter den Linden" flaniert und verließen ihre Bude ansonsten nur äußerst ungern. Ich wollte schon immer mal mit einer Christina zusammen sein und seit gut vier Wochen war ich es nun. Für heute hatte ich es deshalb für gekommen erachtet, Tina in meinen Bekanntenkreis einzuführen.

Unser Kommen hatte ich avisiert, deshalb wurden wir mit Vorfreude erwartet. Schon bei der Begrüßung strahlte Monika förmlich vor Glück:
"Da sind ja die frisch Verliebten! Also dass ich das nochmal erleben kann, dass unser Rolfi eine kennenlernt. ..."
Detlef murmelte ein: "... Schon viel von dir gehört ..." in seinen Bart, schon schob er mich ins eheliche Schlafgemach in dem, das wusste ich, sein neuer Computer auf einem Schreibtisch stand. Die beiden Frauen verschwanden in der angrenzenden Küche.
Detlef tat furchtbar wichtig mit seinem neuen PC, als er ihn hochfuhr.
"Hat 'ne schnelle C.P.U., arbeitet mit B.R.D.-Ram, Flower-Grotex-Quick und Anihilations-Kompensator!"
Während Detlef mir nun haarklein verdeutlichte, was sein PC alles kann und was er bald noch können wird und wie man bei "American-Conquest" am schnellsten dreckige Rothäute und saubere Bisons abballert, konnte ich es nicht lassen, spitze Ohren zu machen und durch die nur halb angelehnten Türen "das Gespräch unter Frauen" wenigstens mit einem Ohr ... los Criminalos ... halb zu belauschen.

Als erstes hörte ich Monika an der Kaffeemaschine hantieren. Christina, nervös wie die Jungfrau Maria bei der Empfängnis, plapperte irgend etwas über die „tolle Einbauküche". Dann ließ sich Monika verbal über ihren guten Detlef aus, darüber, dass Detlef im Schlaf sabbere, dass er all sein Wissen über Frauen aus Groschenheften und Comics habe und nun wohl mit mir am PC im wilden Westen verschwunden sei, dass sie wisse, wie Tina und ich uns kennengelernt hätten und gerade, als Monika Tina fragte, wie sie mit mir im Bett klarkäme, blubberte laut die Kaffeemaschine los und der Computer von Detlef hängte sich auf, wodurch dieser laut fluchte.

Ich hörte Monika erst wieder, als sie sehr zurückhaltend sagte: "Das habe ich mir fast gedacht."

Tassen klapperten laut in der Küche und Monika sagte: "Komm mit, ich muss dir mal was zeigen."

Die beiden Stimmen entfernten sich über den Flur in Richtung Wohnzimmer. Während Detlef mir zeigte, wie man zehn Bisons auf einmal killte, kroch ich förmlich mit dem Ohr den beiden Frauen nach.

"Warte mal, Detti, ick muss ma wat holn!", log ich, schlüpfte zur Garderobe und hörte, während die Wohnzimmertür zufiel, meine Tina sagen:

"Das habe ich mir fast gedacht."

Um nicht aufdringlich zu wirken, schlurfte ich gesenkten Hauptes wieder zu Detlef, der wohl nichts an diesem Tag interessanter fand, als seinen neuen P.C.

Nach einiger Zeit hörte ich die Stimmen der beiden Frauen erneut auf dem Korridor und ich verstand, wie Monika zu Tina sagte: "Das habe ich mir fast gedacht."

Das Klappern von Geschirr in der Küche nebenan verstärkte sich. Offenbar tuschelten die beiden Frauen auch. Der Nymphensittich der Familie, der in diesem Augenblick meinen Kopf anvisierte und "Ja Mäuschen ... Ja Mäuschen!"

107

schrie, bereitete allen Abhörversuchen ein Ende, so dass ich erst Tina wieder lachen hörte: "Das habe ich mir fast gedacht!"

Schon flötete Monika laut: "Detlef!" Und Detlef antwortete: "Ja Mäuschen!" "Detlef, der Kaffee ist fertig!" "Ja Mäuschen!"

An der Kaffeetafel war es dann sehr ruhig und gar nicht gesprächig. Während ich die anderen drei belauerte, konnten sich Monika und Tina vor Lachen kaum halten.

Erst, als wir diesen Pflichtbesuch beendet hatten und wieder allein waren, konnte ich mit Christina wieder normal reden. "Siehste, Tina, habe ich dir doch gesagt, die beiden tratschen einfach über alles!" Darauf Tina: "Ja und vor allem sie! Sie hat ja auch eine komische Meinung von dir." "Jaaa,", sagte ich, "das habe ich mir doch fast gedacht!"

***

Träumen
Rolf Gänsrich am 13.11.2017

Weck mich nicht auf, denn ich träume
träum diesen Morgen von Dir.
Segeln über riesige Räume
auf Wolken, nur du mit mir.

Streicheln uns über die Wange
Halten zart unsre an der Hand,
mir ist schon lang nicht mehr bange,
kuscheln seicht auf der Bank.

Liebste ich hab mich verloren
in deiner Seel und dem Geist,
fühle mich wie neu geboren,
Mein Gedanken sind mit dir verreist.

***

... und dumme der Hahn dachte, die Sonne ginge seinetwegen auf, deshalb krähte er ...
am 14.9.2006

Oh! Ich bin so klug ... und weise!
Keiner kann mir widerstehn'!
Alle bleiben in dem Kreise,
wenn bei mir Darm-Winde wehn'!

Ich bin ja so furchtbar wichtig!
... und dazu schön anzuschaun'!
Alles, was ICH sag, ist richtig,
gehöre ich doch zu den Schlau'n!

Tritt mir einer auf die Zeh',
ich verstehe keinen Spaß,
mecker ich im OKB!
Alle andren sind dann blass!

Oh! Ich bin so klug und weise!
Die Sonne dreht sich nur um mich,
auf ihrer langen, weiten Reise!
Egomanisch? Bin ICH nicht!

***

Unfall
am 11.8.2001

Ein Fahrbahnrand,
ein roter Fleck,
zwei Kinder von dem Strand
sind weg.

Sie spielten dort ganz unverdrossen
mit einem Ball
und mit Wasserflossen.
Doch dann der Knall.

Weil niemand sah, wohin sie liefen,
zur Straße dort am Mais,
es war wohl, weil die Eltern schliefen,
die Kinder wollten nur ein Eis.

Ein Autofahrer war beschäftigt
mit seinem Handy hinterm Ohr.
Und hinterher hat er bekräftigt:
sowas kommt nie wieder vor.

Die Kinder sind im Hospital.
Es ging noch gerade gut.
Für ihre Eltern ist's 'ne Qual.
Und ich bekomm die Wut.

***

Ungewollte Gesprächsrunde
am 21.8. + 29.9.09

Er: „Es sprach zur Gans der Gänsrich:
        Im kalten Wasser steht er nicht!
        Lass uns doch in die Federn flattern
        Und wie der wilde Truthahn knattern."

Sie: „Das gefällt mir sehr!"
Er: „Danke Tina!"
Sie: "Ja, vor allem die Verwendung des Wörtchens IST."
Er: „Aber das habe ich doch gar nicht verwendet!"
Sie: „Na eben!"
Er = Schulter zuckend und ratlos.
Sie: „Na du hättest ja auch sagen können:

        Es geschah dereinst im kalten Mai
        Da flog herum der Weiße Hai
        Die Gans die IST ihm weg geflogen
        Nun IST er um sein Mahl betrogen.

Das hättest du doch auch dichten können, und da ist nun mal ein IST drinne. Aber das hätte mir garantiert nicht gefallen!"

Er: „Wieso nicht? Das ist doch auch ein süßer Vierzeiler!"

Sie: „Aber der ist doch voller Gewalt. Fast schon blutrünstig, würde ich sagen."

Er: „Blutrünstig? Der fliegende Weiße Hai hat doch die dumme Gans gar nicht erwischt!"

Sie: „Aber wenn er sie erwischt hätte, dann wäre das ein Geflatter gewesen. Womöglich hätte sie noch nach ihrem Ganter geschrien und sich einen Flügel verstaucht ..."

Er: „Tina, du spinnst! Was hätte ihr denn da noch ihr verstauchter Flügel genutzt?"

Sie: „Siehste! Na eben gar nichts! Die wäre einfach so umgekommen. Ihr Ganter-Gatte hätte ihr nicht mal helfen können. Der Hai hätte einfach nur „happs" gemacht, ihr vielleicht noch einen Flügel abgebissen und auch den Kopf .... pfui wie blutig wäre das gewesen. ..."

Er: „Aber Tina, er hat sie doch gar nicht bekommen ... ."

Sie: „Und nun hungert der arme, kleine Hai. Und wer weiß, wann er nun mal wieder dazu kommt, so mir nichts, dir nichts herum zu fliegen. Das passiert ja gerade bei Weißen Haien sehr selten, dass sie hungrig herum fliegen."

Er: „Tina, du hast mal wieder deine typisch bestechende Logik."

Sie: „Na und deshalb ist ja auch dein Vierzeiler so schön. ... Da kuscheln Gans und Gänserich in ihren weißen Federn. ... Ach ... das ist so romantisch. Das assoziiert bei mir gleich wieder Unschuld und Hochzeit ganz in weiß ... ja, die ganze Zeile ist Erotik pur .... lass uns doch in die Federn flattern ... ach das ist einfach nur schön!

Er: „Aber dass er vorher versagt hat, das fällt dir nicht ein?"

Sie: „Na, da kommt dann aber schon die ganze Erfahrung eines reifen Mannes durch, der ihr, in dem Moment, wo er glaubt nur zu versagen, seinen Arm anbietet und sie trotzdem eins drei fix verführt."

Er: „Also mit liebevoll verführen hat das ja nun auch nichts zu tun. Hast du schon mal gesehen, wie das der wilde Truthahn macht? Dagegen bewegen sich ja Kaninchen beim Sex in Slow-Motion."

Sie: „Na, das ist es doch. Der Gänserich verführt seine Gänsrine wie in einem Rollenspiel und sie kann das mitmachen, wenn sie will. ... Und wie der wilde Truthahn knattern ... heißt es. Da ist auch was Animalisches drin, weißt du das?"

Er: „Mh .... Ich dachte immer, Tiere hätten im allgemeinen was Animalisches an sich."

Sie: „Aber gerade in dieser Zeile sagst du es. Das ist wild, hemmungslos, prickelnd. ... und da hätte das Wörtchen IST einfach gestört! ... Stell dir vor, du hättest gesagt: „Zur Gans da sprach der Gänserich – IST" ... Das wäre einfach zu viel gewesen. Zu viel Ausdruck, zu viel Kraft im ersten Teil. So aber baust du erst ganz langsam die Spannung auf und lässt es dann in einem großen Knall explodieren! Der Text ist ziemlich genial. Da ist ja alles drin. Sex, Erotik, Spannung, ob er das schafft, was der Ganter sich da vorgenommen hat, Wildheit, Zügellosigkeit ... das ist einfach nur schöööön! ... und IST hätte da an jeder Stelle im Text gestört!"

Er: „Und ich hatte das mal nur so als Blödelreim für die Kirmes geschrieben, ohne mir was dabei zu denken ..."

Sie: „Nein, du denkst dir immer was dabei, wenn du Zeilen zu Papier ... oder heute in den PC ... bringst. Das sind auch Spannungen, die du in dir selbst lösen musst, um nicht unter zu gehen."

Er: „Na, kennst du denn das Ende? Was passiert mit den beiden?"

Sie: „Na, der Ganter wird sich in ihren wunderschönen Schwanenhals verlieben, wenn er das nicht längst schon getan hat. Bleiben Gänse denn nicht ein Leben lang zusammen? Sie werden ihre Gösselchen aufziehen und gemeinsam alt werden."

112

Er: „Na gut, wenn du meinst. Ich hätte nie so viel in diese vier Zeilen hinein interpretiert. Wie gesagt, einfach nur ein Blödelreim."

Sie: „Jetzt muss ich aber mal sauer werden mit dir! Du kennst mich lange genug und du weißt, dass ich der Meinung bin, mit den Gefühlen anderer spielt man nicht. Das wäre einfach nicht fair."

Er: „Wird aber in der Werbung jeden Tag gemacht. Was hältst du von diesem Ende:

Die Gänsrine sah ihn an
Und sprach: Bist du ein Gänse-Mann?
Dann IST mir dieses heut zu viel,
weil ich schon mit dem Truthahn spiel!"

Sie: „Also das gefällt mir auch. Gerade weil du das Wörtchen IST an der Stelle so intelligent eingesetzt hast ..."

Er: „Tina! Das ist nur ein Blödel-Reim!"

Sie: „... aber ich kann doch träumen ..."

***

Unklar
am 8.5.06

Mein Herz hüpft, zerspringt vor Freude, lacht, kichert,
springt wieder, hüpft, hüpft, hüpft ...
Ich bin ... total ... durcheinander!
Wann? Wann geschah es? Wo war dieser ... magische ...
Augenblick?
Ach, egal! Denke nur an sie! Bekomme sie nicht raus aus meinem Kopf!
In mir ... stürmt es! ... Der Verstand sagt mir: Dies ist ein Fehler! ... Aber ... Mein Herz raunt, flüstert, schreit ... nur deinen Namen! Meine Augen ... sehen nur dich!
Das war so nicht geplant! Und doch ist es so schön!
Vergessen all mein Leiden! Immer nur du!!!
***

113

Unrechtsbewusstsein
am 12.11.07

An einem nebligen, trüben Novembertag, vom Himmel fielen die ersten Schneeflocken und es war Sau-kalt, radelte ich gemütlich durch die Brunnenstraße. Da ich an einer Ecke nach links in die Bernauer Straße wollte, nahm ich kurz den Fußgängerübergang, um mich dann in der Bernauer Straße auf den Radweg Richtung Prenzlauer Berg zu stellen. Da hörte ich plötzlich eine undeutliche Stimme neben mir, die murmelte:

„Ja, keen Unrechtsbewusstsein hier."

Als ich auf der anderen Straßenseite angelangt war und den „Arsch" meines Rades in die richtige Richtung gehievt hatte, sah ich mir „die Stimme" an. Eine ältere Dame, vielleicht noch zehn Jahre älter als ich, schlecht blondiert, die ihr Fahrrad schob, stakste an mir vorbei, immer weiter auf dem Fußweg der Brunnenstraße entlang. Ich sah sie an:

„Junge Frau, wenn'se mir wat zu sagen haben, schauen sie mich bitte an!"

„Ick schau sie ja jetze an!", kreischte sie.

„Und wat meenten sie, mit dem Unrechtsbewusstsein?"

„Na, det sie keens haben! Alle machen hier, wat'se wollen."
Und sie kreischte immer mehr.

„So'n ollen Zausel wie mich machen sie an, wa?", fragte ich und setzte nach: „Seien sie bloß froh, det ick keene zwanzich Jahre jünger bin."

„Was soll das denn heißen???" kreischte sie erneut und blickte mich herausfordernd dabei an.

„Sie!!! Lassen sie die Frau in Ruhe!", pöbelte von der anderen Seite ein Passant und drohte dabei mit seinem Regenschirm in meine Richtung.

Von hinter mir blökte eine Frau, mit Säugling auf dem Arm:
„Der Herr", sie wies auf mich, „hat doch noch gar nichts gemacht!"

„Sehn'se ick wollte ja ooch nur sagen ...." und allmählich gingen meine Erklärungen und die Erwiderungen der Dame im allgemein losbrechenden Tumult unter, denn von allen Seiten und auch aus den U-Bahnschächten und von der Straßenbahnhaltestelle kamen nun Leute auf uns zu und diskutierten kräftig mit, mal für mich, mal für die Dame Partei ergreifend.

Bald waren wir umringt von Menschen und fliegenden Händlern, die Currywurst, Cola, „zollfreie" Zigaretten, Cannabis und Koks zu Sonderpreisen anboten.

Die Straßenbahn blockierte die Kreuzung, damit die Fahrgäste einen besseren Blick auf den Tumult hatten.

Auf dem Fußweg kam ein Daimler-Cabrio auf mich zu und als es neben mir hielt, bot mir der Fahrer für ein geringes Entgelt eine Hochzeit mit einer Frau aus Burma an, die er extra für mich in einem Frachtcontainer nach Deutschland einschiffen lassen wolle.

Herbei geeilte Polizisten beteiligten sich indes rege am Hütchenspiel zu meinen Füßen.

Eine schmuddelige Frau steckte mir ihre Zunge ins Ohr und flötete etwas von nur fünfzig €uro fürs Blasen.

Die Ampel wurde mittlerweile nicht nur von Straßenbahnen blockiert sondern vom kreuzenden Verkehr auch geflissentlich ignoriert. Bei Grün fahren und Rot stehen, das ist doch nur was für Schlaffis.

Schräg hinter mir wurden unterdessen Scheinwerfer aufgefahren und schließlich mit Kameras aus drei Richtungen die Vergewaltigung einer Zehnjährigen gefilmt, während Sympathisanten der AfD jeden neuen Zuschauer lautstark mit ausgestrecktem Arm begrüßten.

Die Kunden der Aral-Tanke hundert Meter entfernt nutzten die Gunst der Stunde und tankten erst mal voll, bevor sie das Bezahlen vergaßen.

Auch der Gemüsehändler beglückte die dem Tumult Zueilenden, indem er auf wundersame Weise aus einem Kilogramm 920 Gramm machte.

Der CDU-Bundestagsabgeordnete, der mir mit seinem Megaphon ständig Parolen von der Geringfügigkeit der letzten erhaltenen Parteispenden ins Ohr quäkte, bedankte sich zwischendurch immer mal wieder artig bei den Siemens- und Bayervertretern, die schwarze Aktenkoffer neben ihm abstellten.

Als die Kassen von Räubern gestohlen waren, schloss schließlich der gegenüber liegende Aldi, weil man nun kein Wechselgeld mehr zur Verfügung hatte. Die einzigen, die dies nicht bedauerten, waren die dort arbeitenden M.E.A.-Kräfte und Praktikanten.

Allmählich löste sich der Tumult um uns herum auf und man hörte schließlich fast nur noch die Hilfeschreie der noch lebenden Bank-Geiseln von gegenüber, bevor auch sie abgeknallt wurden.

„Ja!", sagte ich, „anstatt sich mit so'nem harmlosen Zausel wie mir einzulassen, sollten sie sich mal an die richtigen Verbrecher wenden."

„Na aber", stammelte die Dame endlich kleinlaut „aber Sie habe ich wenigstens erwischt."

***

Unter Strom
am 25.4.05

Morgen ist es endlich soweit! Morgen passiert es! Endlich! Ich habe den Tag schon so lang ersehnt! ... Die Bewag hatte ja auch lang genug darauf hingewiesen.

Seit Wochen schon prangte im Hausflur das Schild: Am Dienstag den 26.4.05 wird zwischen 8.oo und 16.oo Uhr in IHREM Haus der Strom abgestellt. Unterschrift: Ihre Bewag!

Und wie zur Bestätigung dieser einen, ach so wichtigen Aussage: Sie haben am Dienstag in zwei Wochen, am Dienstag in einer Woche, nächsten Dienstag, übermorgen ... MORGEN!!! .... Keinen Strom! ... Wie zur Bestätigung dieser Aussage klaffte im Gehweg direkt vor unserem Haus auch seit Wochen ein tiefes Loch, aus dem zwei Kabel-Enden hervorquollen!

Merkwürdiger Weise hatte ich aber trotz Loch, trotz loser Kabelenden immer noch Strom!

Was mich an dieser Stromlosigkeit von vornherein nervte war, dass ich nach Ende der Arbeiten, also vermutlich noch am Abend dieses Tages, den Fernseher, den Video-Recorder und den Radio-Wecker vollkommen neu würde programmieren müssen. Das hieß ellenlange, unverständliche und vergilbte Bedienungsanleitungen zu lesen, die ich spätestens nach einer Stunde in die Ecke werfen würde, um diese Geräte mit "männlicher Intuition" neu zu programmieren. Davor grauste es mir im Voraus am meisten. Und morgen war nun dieser Tag! Morgen hatte ich, laut Bewag, von 8.oo bis 16.oo Uhr keinen Strom!

Wie gesagt, die Warterei auf "keinen Strom" hatte nun endlich ein Ende, denn morgen hatte ich keinen Strom!

Ich versuchte die Sache logisch anzugehen. Das war aber nicht so einfach.

Für einen Fernseh-junkee wie mich ist das Frühstücks-fernsehen von ARD und ZDF von enormer Bedeutung. Cherno Jobatay und Eve Vehring frühstückten täglich mit mir und informierten mich, so nebenbei, auch noch darüber, was in der Welt so los war.

Aber Halt! Der Tag begann früher! Mit dem Radiowecker!

Ich überlegte ernsthaft, ob ich morgen schon Nachts um 6.oo Uhr aufstehen sollte, nur damit ich morgens noch Strom hätte! Insgeheim rechnete ich nämlich damit, spätestens ab 7.oo Uhr keinen Strom mehr zu haben. Ich misstraute einfach der Bewag, wenn sie von 8.oo Uhr sprach.

Oder sollte ich den Tag morgen komplett verschlafen? Andererseits, wenn ich erst nach der Stromsperre wach werden würde, brauchte ich bis morgen einen neuen

Wecker, komplett nasses Rasierzeug, eine neue Zahnbürste und endlich mal einen Teekessel für meinen Gasherd!

Was tun, sprach Zeus?

Ich beschloss morgen auszuschlafen.

Deshalb begann ich mir allmählich eine Liste von Dingen zu machen, die ich noch heute einkaufen gehen müsste.

Also doch mal logisch an die Sache gehen. Du stehst morgens auf und der Radio-Wecker .... klingelt NICHT!

Auf meine Einkaufsliste schrieb ich: Wecker

Dann schlurfst du ins Bad ... und hast dort kein Licht! ... Kein Licht kann auch von Vorteil sein, denn ich mag mich ohnehin morgens nicht im Spiegel sehen!

Dann putzt du dir von Hand die Zähne, denn die Dental-Dusche geht ja auch nicht. ... Auf die Einkaukaufsliste kam: Zahnbürste

Das Rasieren ... auf die Liste setzte ich: Einweg-Rasierer, Schaum, Pinsel ... aber, ich erkannte, es würde sich zu einem Problem ausweiten, ich hatte im Bad noch immer kein Licht! In der Küche hatte ich etwas mehr, wenn auch nicht ausreichend Licht, aber keinen Spiegel.

Ich schrieb auf einen extra Zettel groß das Wort "LICHT" und pinnte es im morgen wohl stockdüsteren Korridor an die Wand neben der Wohnungstür!

Wie dann weiter? Also auf den Toast konnte ich notfalls auch verzichten! Den Kühlschrank, ohne Innenlicht wegen "Kein Strom", würde ich morgen nur kurz öffnen. Das Kaffeewasser kochte auf Gas auch in einer Kasserolle. Ich würde also keinen neuen Wasserkessel brauchen. Schnell war mir aber klar, dass ich alle Verrichtungen bei absoluter Stille würde machen müssen. Ich überlegte angestrengt. In der Kammer hatte ich wohl noch ein Radio mit Batterie-Fach. Aber wegen eines einzigen Tages gleich vier Batterien kaufen, lohnte nun wirklich nicht. Wer weiß, vielleicht sängen ja draußen auch Vögel, dann brauchte ich nur die

Fenster zu öffnen und hätte eine hervorragende Geräuschkulisse!

Nun kam ich gedanklich zum Frühstück. Du deckst dir den Tisch und setzt dich .... und setzt dich ... in Richtung Fernseher. ... Der alte Gag von Loriot über den kaputten Fernseher ging mir durch den Kopf. Ich lasse mir von einem nicht funktionierenden Fernseher nicht vorschreiben, wo ich hinzusehen habe!

Und nach dem Frühstück ohne Yve Fehring? Was könnte man so machen? Telefonieren! Wenn ich den Akku des Handys jetzt noch auflud, könnte ich morgen telefonieren! ... Aber den ganzen Tag lang? ... Zu teuer! Fernsehen entfiel. Musik hören entfiel. Meine Siedler auf dem Computer eine neue Stadt gründen lassen entfiel auch, genauso wie die Arbeit am PC. Mensch, was hätte ich morgen alles am PC arbeiten können! Bestimmt wäre mir wieder eine neue Geschichte eingefallen oder ich hätte etwas von meiner Ideen-Ablage aufarbeiten können und schon mal den nächsten Zeitungsartikel oder die nächste Hörfunk-Sendung vorbereiten können. Ging aber alles nicht, wegen "KEIN STROM". Ich könnte morgen keine Wäsche waschen, nicht Staub saugen, nicht abwaschen ... um Himmelswillen, ich würde morgen total verkeimen!

Nur nicht daran denken! Was könnte man denn noch so den ganzen Tag lang ohne Strom machen? Lesen wäre gut! Ich betrachtete mein Bücher-Regal, dass ich im Winter nur mit dem Staubwedel berührte. Seit diesem einen warmen Tag im letzten Sommer hatte ich kein Buch mehr gelesen. Ich ging die Buchtitel durch: "Enterprise", "Roots", "Manifest", "Star Trek", "Star War's", "Rock-Lexikon", "Meyers Hand-Lexikon", "Robinson Crusoe", "Tausend-Tolle-Koch-Tipps", "Loriot", ... bei den fünfundzwanzig

Bänden Karl May blieb ich mit den Blicken hängen. Ich kannte meine Sünde! Schon vor Jahren hatte ich mich bei "Winnetou eins" bis zur Hälfte gequält, ... das alte Lesezeichen, ragte aus der Buchmitte wie ein mahnender Zeigefinger.

Nein, dachte ich, Karl May liest du morgen nicht weiter!

Ich machte auf dem Absatz kehrt und musterte auf dem Flur den Schuhschrank. Vielleicht sollte ich morgen spazieren gehen? Oder durch den Grunewald wandern. Oh-je! Den ganzen Tag lang durch die Gegend latschen! Und ich würde morgen auf dem dunklen Flur bestimmt nicht die richtigen Schuhe finden!

Das Wort "LICHT" stach mir von der Pinnwand ins Auge. Um das Problem Licht müsste ich mich wirklich kümmern. Zunächst inspizierte ich den Kerzenständer!

Ach ja ... die winzigen Kerzen-Stumpen-Reste von dem kuscheligen Abend mit Antje kamen mir in den Sinn. Wie lang war das jetzt her? Zwei oder drei Jahre?

Aber vielleicht hatte ich doch noch ... ich hatte damals für den Abend mit Antje ALLES vorbereitet ... also mussten irgendwo noch mehr Kerzen sein!

Ich durchstöberte meine Kammer. Was ich fand war ernüchternd. Eine angebrochene Packung Geburtstags-Kerzen vom "VEB Wittol Lutherstadt Wittenberg" für "EVP 2,25 Mark" mit einer halb abgerissenen Banderole und dem Spruch darauf: "Alles Gute zum dreißigsten!"

Nun gut, ich setzte das Wort "Kerzen" auf meine Einkaufsliste mit zu, gleichzeitig dämmerte mir etwas von einer Petroleum-Lampe, die ich etwas weiter hinten in dem Regal auf dem Balkon finden musste.

Ich wusste noch, es hatte mal Zeiten gegeben, in denen ich noch Geld gehabt hatte. In jenen rosigen, sonnigen Zeiten saß ich gern nach Feierabend, an lauen Sommerabenden, mit einem guten, sehr guten Glas Whiskey auf dem Balkon, hörte leise Musik und ließ diese Petroleum-Lampe, allein wegen der Stimmung, glimmen.

Bei meiner Ordnung erstaunlicher Weise sofort fand ich diese dort, wo ich sie vermutet hatte. Jedoch war wohl kein Lampenöl mehr in ihr und die einst volle Flasche Lampen-Öl, direkt neben der Lampe im Regal auf dem Balkon war gleichfalls leer. Verdunstet?

Bis zum Nachmittag hatte ich Lampenöl, Nass-Rasierzeug, Zahnbürste und eine neue Packung Haushaltskerzen, Hergestellt für "Plus" ... Prima-Leben-und-Sterben erworben, die alte Öl-Lampe wieder gereinigt und Kerzen in der ganzen Wohnung verteilt.

Am nächsten Morgen stand ich sehr früh auf! Ohne mich zu waschen, ohne mich zu rasieren und ohne zu frühstücken setzte ich mich ins Auto und fuhr ich anderthalb Stunden in den Garten meiner Eltern, denn ich wusste, in ihrem Garten gab es Strom, einen funktionierenden Fernseher und jede Menge Bäume zu beschneiden!

Abends erfuhr ich von meiner Nachbarin Marusha, dass die Strom-Abschaltung der Bewag nur von 9.oo bis 11.oo Uhr gedauert hatte. Video-Recorder, Fernseher und Radiowecker funktionierten noch und mein altersschwacher Kühlschrank hatte den Tag auch unbeschadet überstanden!

Und meine Wohnung stand wieder unter Strom!

***

Mit ihren Songs, doch wie zum Schreck,
sind die auf den CD's dann weg.

121

Den Folgenden hab ich relativ häufig und dann meist zum Anfang meiner Lesungen eingesetzt und dabei immer das Publikum mit einbezogen. Mit verstellten Stimmen gelesen.

Verkaufsgespräch
am 20.6.07

An einen der Gäste wenden:

Er: „Schließ doch mal bitte die Türen ab, damit hier keiner mehr raus kann!
Herzlich willkommen meine Damen und Herren zu unserer, zu Ihrer Verkaufsveranstaltung „schöner Leben"!

Bevor wir uns mit Silberlöffeln, Potenzpillen, Anti-Aging-Creme und Dackelhaardecken befassen, habe ich nur heute für Sie das Super-Douper-Sonderangebot der Woche!
Es klebt nicht, tropft nicht und man kann es ganz leicht transportieren! Was wollen Sie mehr?"
Sie: „So etwas haben sie sicher noch nie in solcher Klarheit gesehen!"
Er: „Aber Tina, was ist es denn?"
Sie: „Es ist eine Ecke Styropor!"

Er: „Na, meine Damen und Herren, das ist was! Eine ganze Ecke Styropor! Es ist formschön, windschnittig, wetterfest, leicht brennbar und isoliert hervorragend! Tina, was kann es noch?"
Sie: „Ja Rolf, es ist wundervoll! Es kann außerdem, bitte halten Sie Sich jetzt fest und seien Sie ganz tapfer ..."
Er: „Ja Tina, bitte spann uns nicht länger auf die Folter, was kann es denn außerdem?"
Sie: „Es kann außerdem ... Meag-Meag machen."
Er: „Das ist ja wundervoll! Styropor kann außerdem meag-meag machen, wer hätte das gedacht! Tina, willst du es uns zeigen?"
Sie: „Aber gern, Rolf!"

Zwei Stücken Styropor aneinander reiben und nebenbei „meag-meag" machen!

Er: „Sehen Sie! Bei uns bekommen Sie Qualitätsware! Styropor ist vielseitig verwendbar: als Surfbrett, als Bettvorleger, als Regenschirm, als Schwimmflügel für die Kleinen, als Schmuck für die großen und es ersetzt zunehmend den Kaugummi! Wollen Sie mal probieren? ... vollkommen geschmacksneutral ... na, das ist was, oder?!"

Sie: „Und jetzt zu unserem Angebot!"

Er: „Sie bekommen heute zwei Ecken zu je einem Gramm zum Super-Vorzugspreis von nur 61,30 €! Außerdem lassen wir Sie nicht eher gehen, bevor nicht alles verkauft wurde! Ist das ein Angebot? Da muss man doch zuschlagen!

Kommen Sie bitte jetzt zu mir nach vorn und bezahlen Sie Ihre zwei Ecken Styropor und vergessen Sie nicht, mir ihre Konto-Nummer und PIN anzugeben!

Ich wünsche Ihnen noch einen schönen Abend!"

***

Verknallt in Dich
am 26. - 31.8. + 5.9.2013

Erwach ich, seh ich dein Gesicht,
es strahlt so helle, wie das Licht
Ein kribbeln ist auf meiner Haut,
so wohlig, zärtlich, … sehr vertraut.

Ach könnt' ich mein Gefühl dir zeigen
mich lieblich vor dein' Haupt verneigen ….

'Ne Burg, 'ne ziemlich große, umschließt schon lang mein Herz
Sie wurd' dereinst errichtet, gegen den Liebesschmerz.
Bei dir jedoch da fällt, der erste große Wall
Mein Seele ist geöffnet, wartet auf Widerhall.

Streicheln möcht' ich deine Seele
streicheln dein Gesicht
und weil wir uns berühr'n
die Seel' des andern spür'n.

Schließ abends ich die Augen
so seh ich dein Gesicht
Es ist fast kaum zu glauben,
ich sehe in dein Licht.

***

Versäumter Morgen
am 26.1.2007 im Excel-Unterricht + 31.1.07 zu hause

Die Nebenrechnung stimmt wohl auch heute nicht,
Papiere waren liegen geblieben
Er ist nicht auf seinen Job erpicht
Lernte ihn niemals voll lieben.

Der Wecker schellt täglich viel zu früh
Noch vor dem ersten Lichte
Im Stall muhen hungrig die vielen Küh'
Es macht sich schon auf die Nichte.

Die kecke Wärme sonniger Strahlen
Berühren die schwielige Haut
Mit deren Bräune könnte er prahlen
Wenn seine Magd ihn erschaut.

Er sieht nicht die lau-lichte Dämm'rung
Am gleißenden Horizonte
Doch Eile ist keine Bereich'rung
So oft er auch schauen konnte.

Bei Regen im Matsch, bei Sonn' in der Dürre,
Da stampft er mühselig hin
Der Klepper da vorn in seinem Geschirre,
der war für ihn einst Gewinn.

Die Frau, die Alte, nie gut gelaunt,
kocht und hütet die Kinder
und manchmal hat sie ihm zugeraunt,
sie liebte ihn nicht minder.

Der knorrige Tag, mit seiner Plag
der geht allmählich dahin
und wenn er das Leben hier noch so mag
ist nicht viel zum Leben hier drin.

Die Abendsonne rötet die Wiesen
Taucht ein sie in mild-rotes Licht
Die Halme werden zu Riesen
der Bauer tut nur seine Pflicht.

Die Nacht wird kurz und er schläft tief,
ums Haus tanzen Feen den Reigen
verscheuchen in seinem Schädel den Mief
in dem sie sich ihm verneigen.

Schlaf schön, du gutes Bäuerlein alt
Wir werden dein Tagwerk dir danken,
so dass wir als dann auch hoffen sehr bald
dass Lorbeer dein Haupt wird umranken.

***

So gibt's dieses Gedichtelein
mit seinem wirklich kurzen Reim.

Verschmähte Liebe
am 10./12.5./18.6.07

Fast immer wenn ich eine Frau interessant finde, baggere ich sie an. Da ich nie eine Frau habe, baggere ich dem entsprechend sehr viel. Das endet dann oft damit, dass entweder ich von ihr vertrieben werde, wir unsere Triebe nur mal sehr kurz ausleben, meist aber vertreibe ich sie.

Sie: „Du liebst mich nicht, du liebst mich nicht! Ich bin doch nur ein Abenteuer für dich!" ... oder ...

Sie: „Ich lieb dich nicht, ich lieb dich nicht! Du wärst doch nur ein Abenteuer für mich!"

Dennoch habe ich einige Freundinnen, mit denen ich, über die Anbagger-Phase hinaus, dennoch ein guter Kumpel geblieben bin. Von denen rede ich heute nicht!

Ich flirte gern, schaue auch mal tief in die Augen, aber ich weiß, wenn ich eine wieder richtig anbaggere, vergraule ich sie. Diese Tatsache brachte mich jüngst auf die höchst boshafte Idee, meine Chefin anzubaggern. Zu verlieren hatte ich, außer einem schlecht bezahlten Job, in dem ich nicht wirklich aufging, eh nichts. Mein Gedanke war der: Wenn ich sie anbaggere und nicht vertreibe, hab ich halt'ne tolle Bettmaus! Baggere ich sie an und vergraule sie damit, bin ich auf elegantem Wege meinen Job los und komme vielleicht in eine Abteilung, die besser zu mir passt.

So mein Gedankengang!

Aber ich hatte nicht mit der Raffinesse meiner Chefin Sylvia gerechnet! Sylvia war mir immer wenigstens einen Schritt voraus!

Ich begann mit anschmachten. Damit konnte sie aber wohl nichts anfangen.

„Was guckst'n heut so blööd?"

So war ich es, der verwirrt war.

Dann begann ich sie zu umhegen. Ihren Kaffee machte sie aber plötzlich alleine, sie trank ihn auch nicht mehr mit Milch und Zucker, sondern plötzlich schwarz. Meine von zu hause mitgebrachten Sandwiches verschmähte sie auf einmal und teilte sich nicht einmal mehr die Pizza mit mir, und selbst ihren eigenen Arbeitsplatz putzte sie nun gar selbst.

Nun machte ich mich daran sie anzuhimmeln, aber die Gedichte an sie, morgens sorgsam auf ihren Schreibtisch gebettet, landeten im Schredder, die einzelnen roten Rosen warf sie mit den Worten „Was ist denn das für ein Gemüse?" in die Biotonne, die Rosenblätter, um ihren Bürostuhl herum, hatte sie aufgesaugt, kaum dass ich sie gestreut hatte und mein herrlich herber Duft des Parfüms des bekannten Modedesigners wurde mit den Worten abgetan: „Ihh-gitt! Männerschweiß! Auf sowas steh ich nun gar nicht!"

Geändert hatte sich an unserer Beziehung zueinander indes nichts. Aber ich gab nicht auf und so schien sie eines schönen Tages, als unsere Handkasse im Büro wieder einmal auf Null und ein Weg zum nächsten Kopiershop anstand, doch weich zu werden. Ihr Augenaufschlag und ihr Blick trafen mich ins Herz, als sie mich fragte: „Kannst du mal die Kopierkosten verauslagen?" Ich hauchte ein „Ja." ... und verschluckte ein „Liebste!"

In den folgenden Wochen verauslagte ich ständig die Kopierkosten und als bereits das hübsche Sümmchen von gut 500 €uro zusammengekommen war, das sie mir nun schuldete, dachte ich, sie wäre bereit für den nächsten Schritt. Ich lud sie ein!
„Wollen wir nicht mal nach Feierabend einen Kaffee trinken?" „Ich trinke keinen Kaffee!"
„Vielleicht ein Glas Wein!" „Du weißt doch, dass ich nie Alkohol NACH der Arbeitszeit trinke!"
„Wir könnten ja auch einfach nur so in einen Park gehen!"

„Da sind aber zu viele Bäume!"

„Dann lass uns doch einen Schaufensterbummel machen."

„Nöö, weißt du, Straßen sind immer so staubig."

„Na dann vielleicht in die Kaufhauspassagen?" „In Einkaufs-Zentren sind mir immer zu viele Leute. Vielleicht gehen wir besser dahin, wo es etwas schattig und ein wenig luftig ist?"

„Dann lass uns doch in einen Park gehen!" „Da ist aber so viel Gras und auf Pollen bin ich allergisch."

Wir landeten schließlich in ihrem Bett. Vier Wochen später heirateten wir. Sie hat mich nun gut unter Kontrolle, Nachts bei uns im Bett, am Tage in der Firma! Laut Ehevertrag schuldet sie mir noch immer gut 500 €uro, aber zum kopieren schickt sie mich nicht mehr, denn das ginge dann ja von unserem gemeinsamen Konto ab.

***

Warum ich besser Auto fahre
22.7.2020

Mit dem Auto fahren ist es so: Vaddern war von 1959 bis nach seinem Grundwehrdienst bei der NVA, etwa bis ende 1964, Kraftfahrer bei Handelstransport, die für die HO gefahren haben. Davor und danach war er Putzer auf dem Bau, holte ab 1972 seinen 10.Klasse-Abschluss in der Abendschule nach und absolvierte dann ein Ingenieursstudium in Abendschule und saß deshalb ab 1974, da war er 33 Jahr alt, beim IHB im Büro.

Als ich zum 9. Geburtstag mein erstes Straßenfahrrad bekam, hat Vaddern mit mir mehrere Abende lang am Wohnzimmertisch Vorfahrtsregeln gepaukt, einschließlich abbiegende Hauptstraße und so'ne Dinger und auch Verkehrszeichen. Und er brachte mir bei, rücksichtsvoll zu fahren.

Er auf seinem Mokick Sperber vornweg bzw. hinterher hab ich anschließend noch praktische Fahrstunden von ihm bekommen, wo er nochmal quasi kontrollierte, ob ich das auf der Straße auch einhalte, was er mir vorher in der Theorie beigebracht hat.

Als wir dann mal zwei, drei Jahre später im Schulunterricht auf diesen Verkehrserziehungsplatz an der Buschallee gegangen sind, kannte ich das, was die uns da beibringen wollten schon.

Und dann hatte Vaddern eben, da war ich 8, schon dieses Mokick Sperber, auf dem er mich Samstag nach der Schule im Sommer immer abholte, um mit mir nach Brieselang in den Garten zu fahren. Muttern war da immer mit meiner Keule, der da noch nicht schulpflichtig war, früh oder schon am Freitagabend mit der Bahn vorgefahren.

Erst als ich 14 war, 1975, bekamen wir unseren Trabi über GENEX von der Oma von drüben. Und von da an hab ich Vaddern, wenn wir unterwegs waren, meistens hab ich da vorn gesessen, weil meine Mutter nicht gern vorn saß, dann Vaddern beim fahren Löcher in den Bauch gefragt. Warum hältst du da jetzt an? Ach, da ist die Verkehrssituation gerade unklar. Was haste da gerade geklickt? Ach Lichthupe. Warum haste das gemacht? Warum fährste da jetzt nur 30, wo doch 50 erlaubt ist? Ach, da spielen Kinder am Rand mit 'nem Ball usw usf.

Gelernt hab ich u.a.:

- Kinder steigen nie, niemals auf der Fahrerseite aus! Auch dann nicht, wenn man auf einem privaten Grundstück steht!

- Kinder unter 14 Jahren sitzen nicht auf dem Beifahrersitz, sonst strangulieren die sich mit dem Gurt!

- bei Richtungs- und Spurwechsel setzt man rechtzeitig die Blinker, damit der nachfolgende Verkehr Bescheid weiß! - Das ist auf dem Motor-Roller derzeit meine Lebensversicherung.

- Geschwindigkeitsbegrenzungen machen Sinn!

- man hat sehr viele Möglichkeiten, mit anderen Verkehrsteilnehmern zu kommunizieren! Blinker, Warnblinker, Lichthupe, Handzeichen
- man muss nicht immer auf der eigenen Vorfahrt bestehen - auch wieder eine Lebensversicherung auf meinem Roller
- man macht beim rechts abbiegen den Schulterblick wegen der Radfahrer und beim Spurwechsel wegen anderer Kraftfahrer

- man ist rücksichtsvoll gegenüber Schwangeren, Muttis mit Kinderwagen und Senioren, vor allem mit Gehstock oder Rollator
- wenn ich die nächste Ampel eh nicht mehr bei grün erwische, dann brauche ich vorher nicht noch zu beschleunigen

Das sind die Dinger, die ich mir von ihm abgeschaut habe.

***

Warum ich Schneefall nicht mehr leiden kann
am 31.12.2009

Achtung! Diese Geschichte ist nicht ausgedacht, sondern leider allzu wahre Realität!

Von meiner etwas ... nun ja, absonderlichen ... Nachbarin Marusha hatte ich schon einmal berichtet. Marusha, die unsere Vermieterin nur deshalb nett findet, weil unsere Vermieterin zu ihr gesagt hat, dass sie nett sei, Marusha, die immer genau weiß, wann ich nach Hause komme und die dann auch prompt gern mal zu mir bis an die Wohnungstür kommt und die ich nie hinein lasse, weil Marusha schon vor Jahren gegenüber ihrem Bruder verkündet hat, dass sie gern mit mir zusammen wäre. Ich aber nicht mit ihr.
Dass sie immer ein wenig lästig war, daran hatte ich mich gewöhnt und so verwunderte mich dann auch nicht der Anruf von ihr kurz vor meinem Geburtstag Ende Juni.

Ohne Zusammenhang quaggelte sie los: „Herr Gänsrich, wenn es im Winter mal schneit, würden sie dann für mich einkaufen gehen. Ich weiß, das ist noch ein Weilchen hin, aber ich wollte nur schon mal fragen.",,Wohl wahr!"brummelte ich „Es ist noch ein Weilchen hin. Aber klar, mach ich. Sagen sie mir Bescheid, wenn sie Hilfe brauchen."

Im Juli hatte sich der Fall noch nicht erledigt und sie fragte erneut per Telefon und auch wenn wir uns zufällig auf der Treppe trafen, nach, ob ich ihr denn bei Schneefall mit ihren Einkäufen helfen könne. Wobei mir das von Anfang an irgendwie nicht richtig einleuchten wollte, ist Marusha doch etwa zehn Jahre jünger und mindestens vierzig Kilo leichter, als ich.

Auch im August und September kam regelmäßig, wenigstens einmal im Monat das Telefonat mit: „Herr Gänsrich, wenn es im Winter mal schneit, würden sie dann für mich einkaufen gehen. Ich weiß, das ist noch ein bisschen hin, aber ich wollte nur schon mal fragen."

Ab Oktober wurden die Nachfragen von ihr schon fordernder. Immer dann, wenn Jörg Kachelmann im Wetterbericht etwas von „möglichen Nachtfrösten", berichtete, kam der unweigerliche Anruf von ihr und somit mindestens alle vierzehn Tage. Und auch weiterhin verkündete ich: „Liebe Frau Nachbarin, wenn es soweit ist, dann rufen sie mich an und werde ich für sie einkaufen gehen. Aber morgen schneit es garantiert noch nicht und außerdem können sie mir ruhig glauben, dass ich mit meinen eigenen Augen Schneefall und eine Schneedecke werde erkennen können."

Als es dann aber Anfang Dezember tatsächlich eines Abends plötzlich schneite und ich nun schon von mir aus fast auf dem Weg zu ihr nach oben war, kam von ihrer Seite der

Rückzieher: „Herr Gänsrich, sie brauchen in diesen Tagen für mich nicht einkaufen zu gehen. Mein Bruder, meine Freundin und mein Nachbar, der Herr über ihnen, übernimmt das mal eben Sie sind deshalb doch nicht böse?" Ich verneinte, dankte in einem Stoßgebet Gott für die Einsicht, die er meiner Nachbarin geschickt hatte und freute mich fortan in Ruhe auf Weihnachten.

Aber, ich hatte mich zu früh gefreut. Pünktlich, genau zwei Wochen vor Weihnachten, bereits ab 10.Dezember setzten ihre Anrufe erneut ein.

„Hallo Herr Gänsrich, mein Bruder ist auf einmal krank geworden, meine Freundin ist nicht da und dieses nette Pärchen über ihnen, die sind zum Jahreswechsel auch nicht da. Ob SIE dann wohl für mich einkaufen könnten wenn es schneit?"

„Ja-ja", brummte ich, nun von mal zu mal unwirscher werdend, jedes mal ins Telefon hinein. „Wenn es schneit, dann sagen sie mir Bescheid und ich gehe für sie einkaufen."

Diese Anrufe kamen nun alle zwei Tage. In der Weihnachtswoche selbst verdoppelten sie sich dann jedoch. Mehr noch. Sie kam auch noch zu mir an die Wohnungstür und wenn wir uns auf der Straße sahen, wechselte ich gar gleich die ganze Straßenseite, was sie jedoch nicht davon abhielt, mir zu folgen, sich mir in den Weg zu stellen und zu verkünden: „Herr Gänsrich, wenn es schneit, würden sie dann für mich einkaufen gehen?"

Nein, nein, ich wurde nicht ungeduldig, sondern engelsgleich wiederholte ich: „Wenn es schneit, kaufe ich selbstverständlich für sie ein."

Da ich selber unter Depressionen und auch Ängsten leide, kann ich verstehen, dass es bei ihr durchaus eines ihrer Leiden sein könnte, dass sie bei Schnee einfach Angst hat, auf die Straße zu gehen. Man kann ja Nachbarn helfen, dachte ich bei mir.

Weihnachten kam heran. Das Fest der Liebe, der Freude und Besinnlichkeit. Ich feierte mit meinem Vater, meinem Bruder und dessen Familie, mit Freunden und in einer eigenen Sondersendung mit meinen Hörern auf Rockradio. Ich wollte jedoch nicht mit Marusha feiern.

Indes hatte ich nicht mit einer weiteren Steigerung dieses Dramas gerechnet. Nicht nur, dass sie mich zu Weihnacht nun täglich mindestens zweimal anrief, nein, als wir uns am 27.Dezember auf der Straße begegneten, sie hatte mich wieder einmal überlistet und war mir über die gewechselte Straßenseite hinaus gefolgt, drängelte sie mir erneut ein Gespräch auf.
„Herr Gänsrich, sie sehen ja, ich habe heute selber eingekauft." „Das ist wahr." sagte ich, nicht ohne ein wenig Sarkasmus in meiner Stimme. „Es schneit ja auch noch nicht." „Nein!", sagte sie, „Aber wenn es in den nächsten Tagen schneit, würden sie dann für mich einkaufen gehen?" Wie einem Kleinkind das nicht mit den Streichhölzern spielen darf, erklärte ich ihr: „Das habe ich ihnen doch schon ein paar mal gesagt: wenn es schneit und sie können sich diesbezüglich auch auf meine Augen verlassen, ich sehe es dann, dann gehe ich für sie gern einkaufen. Sie können mich dann aber auch gern anrufen, wenn sie etwas brauchen. Ich gehe gern für sei einkaufen, wenn es schneit!"

Ihre Nachfrage war für mich wie ein Tritt in die Weichteile, ich weiß nicht mehr genau was danach geschah. Sie fragte: „Wenn es schneit, würden sie dann auch noch meinen Müll zu Tonne bringen?"
Ich brüllte sie darauf hin auf offener Straße an. Ich schrie irgend etwas von: unsere Mülltonnen sind höchstens anderthalb Meter von unserer Haustür entfernt und sie soll mich nicht auch noch mit so einer Scheiße belästigen. Und so drehte ich mich um und stapfte in die entgegengesetzte Richtung davon.

Einen Tag danach rief sie mich erneut an und fragte, ob ich für sie einkaufen kann, wenn es mal schneien sollte. Ich meinte daraufhin, das hätte ich ihr gegenüber doch mehrfach eindeutig gesagt. Nein, nein, so eindeutig sei das ja nun auch wieder nicht von mir gewesen. Ich hätte ja wenigstens eine Uhrzeit oder so etwas in der Art sagen können, damit sie wisse, worauf sie sich einlasse.

Ich fand dies an Dreistigkeit schon kaum noch zu überbieten. „Wissen sie?," sagte ich, „unter diesen Umständen ziehe ich mein Angebot zur Nachbarschaftshilfe zurück. Rufen sie mich bitte nie wieder an, sprechen sie mich nie mehr auf der Straße an und lassen sie mich ansonsten bitte einfach in Ruhe. ... Und im übrigen ist es mir wirklich scheißegal, wer für sie einkauft, wenn es schneit. Ich tue es jedenfalls nicht!"

Nur zwei Tage danach, einen Tag vor Silvester, begann es zu schneien. Und ich genoss es auf meinen Ausfahrten auf meinem Rad in die umliegenden Parks und um die darin vorhandenen Teiche.
Aber irgendwie hatte ich ein Jahr zuvor, vor Marushas erstem Anruf, mehr Spaß im Schnee!

***

Warum man die FDP liebhaben muss
Texte aus dem OKbeat - zusammengestellt am 12.11.09

Habt ihr euch auch so köstlich über die FDP amüsiert?
Genau einen Tag NACH meinem OKbeat zum Thema: Warum man die FDP lieb haben muss ..." tönte die FDP nach ihrem Sonder-Wahl-Parteitag in Potsdam:
„Nöö!!! Nun koalieren wir erst recht nicht mit der SPD!!!"

Ey, Westerwelle, komm wieder runter! Ich bin nicht von der SPD ausgeschickt worden! .... Und wenn sie die freie

Wahrheit über ihr Wahlprogramm nicht vertragen können ....
dann gehen sie doch mal in die Politik! ...

Liebe FDP! Für deinen Kindergartentrotz hab ich dich ganz,
ganz doll lieb!

Hatte dann nochmal einen Handzettel von der FDP in
meinem Briefkasten!
Die FDP setzt sich .... ooch so'n Lacher ... ich zitiere:
... als Freiheitspartei ... ein!
Und vorne grinst einen der Westerwelle wie so ein lüsterner,
frisch gebackener Ehegatte kurz vor der Hochzeitsnacht im
nagelneuen Schlafgemach an, und daneben die Losung:
IHRE Arbeit muss sich wieder lohnen.
Tja, fragt sich nur wofür ... und wie wir ja im OKbeat
erfahren haben, lohnt sich Arbeit unter der FDP niemals für
den Arbeitnehmer, sondern immer nur für den, der schon
Geld hat.

Angy Merkelchen ist ja, satirisch, fast unangreifbar. So die
Übermutti der Nation ... wie einst Inge Meisel!
Aber Giodo Westerwave mausert sich langsam! So stukte er
einen   BBC-Reporter   zusammen,   der   auf   einer
Pressekonferenz eine Antwort auf englisch von ihm wollte:
Wir seien schließlich in Deutschland und da wird deutsch
getalkt! ... Und überhaupt, wer sei denn die BBC? Ist das ein
Drei-Buchstaben-Joghurt? Oder die Umschreibung für ein
intellektuelles Sex-Spielzeug, oder was?

Naja, vielleicht können wir ja auch bald weltweit wieder die
D-Mark einführen, damit sich Westerwave nicht verrechnet,
oder deutsche Straßenschilder, damit sich Westerwave in
Washington oder beim nächsten E.U.-Gipfel nicht verfährt!

Merke:
Hast du im Hirn'ne kleine Delle,
dann bist du Giudo Westerwelle!

Guido Westerwelle will künftig Pressekonferenzen nur noch Nachts und in dunklen Räumen abhalten ... damit ihn niemand – nicht mal mehr die Sonne ... überstrahlt!
Viele Ostdeutsche haben bei der letzten Wahl sicher gedacht: Lieber FDP, als FDJ!
Die FDP hieß in der DDR übrigens LDPD – Liberal Demokratische Partei ... und war genauso eine Blockpfeiffe, wie die CDU!

Na, Hauptsache Westerwave ist jetzt häufiger zu Besuch im Kanzleramt bei Angy! Vielleicht freundet er sich ja dann als Außenminister mit Meister Berlusconi an. Von dem kann doch Westerwave sogar was lernen! Wie wäre es denn mal mit einer Steuersenkung nur für FDP-Mitglieder, die im Regierungskabinett sitzen? Das wär doch mal 'ne Maßnahme!

Schade, dass man Westerwave nicht digitalisieren kann! Wollen sie diesen Menschen in der Regierung behalten? Ja? Nein? ... na dann weg!

Wo war jetzt eigentlich die ganzen Tage nach der Wahl der Westerwelle? Bei den Koalitionsverhandlungen sah man ihn nicht mehr, auf Pressekonferenzen sah man ihn nicht mehr ... mh ... Neben Angie sah man ihn nicht mehr! ... How do you do, Mr. Westerwave? War der vielleicht zu einem „Informationsnachmittag" der Taliban in Pakistan?
Oder hat er sich von Genschman briefen lassen? ... Mh... Nordkorea, Kuba und Iran: sehr, sehr böse! Berlusconi und U.S.A.: ganz, ganz doll lieb! Neuseeland und Fidschi-Inseln uninteressant, bei Georgien vorsichtig sein und zu Russland müssen wir ganz, ganz doll lieb sein. ... Und der Eurovision-Song-Contest ist kein Happy-Hippo-Snack!

Apropos Westerwelle! Der ist ja nun unser neuer ViKa von Angy Merkel .... unser neuer Vize-Kanzler. Unser ViKa erst in Brüssel, dann in Warschau ... Wie unterhält denn der sich da? ... Etwa auf polnisch? .... ha-ha-ha! ... Also ihr könnt den gerne behalten, wenn wir wollt.

Guido Westerwelle heißt ja im Freundeskreis nur: „Die Bombe", weil er so'ne Granate ist!
So schlecht, wie der ständig drauf ist, ist der sicher von den Taliban mit Nitroglyzerin abgefüllt worden und nun traut er sich nicht mehr, sich ordentlich einen zu schütteln, weil er Angst hat, sonst hoch zu gehen!

Damit sich die Laune von Westerwelle wieder etwas bessert, plant Vattenfall den Westerwelle mal in eines der "ungeheuer sichereren" Kernkraftwerke von Vattenfall oder ins Atommüllendlager in Sachsen-Anhalt zu schicken, damit Westerwelle endlich wieder strahlt!

Obszöne Steigerung:
Laola-Welle, Deutsche Welle, Westerwelle, Rösler!
Also ob der Rosi die Ärzte glücklich macht?

***

Warum Männer nicht gerne Klamotten kaufen!
am 27.4.2016
... aus einer Antwort bei Facebook für Diana G. ...

Dass wir Männer eine besonders empfindliche Spezies sind, hab ich ja schon einmal in meinem Text „der kranke Mann" erläutert. Nichts geht dann über die im Alkohol gelösten Vitamine eines Rumtopfs und die streichelnden Hände einer sinnlichen Frau, ... bevor wir sterben.

Wir prügeln uns in Anwesenheit unserer Angebeteten mit Kerlen, die mindestens einen halben Kopf größer sind, als wir selbst, genau so lange, bis die Gute außer Sichtweite ist. Dann bieten wir dem Gegenüber ein Bier an und lästern gemeinsam über „Frauen".

Richtige Männer, also wirklich richtige Männer, lassen die fünf Frauen mit ihren Kinderwagen auch noch bei Rot über die Fußgängerampel am Kollwitzplatz schlendern und sie gewähren dem Rentier mit dem Hut, der später den Verkehr behindern wird, auch die Vorfahrt.

Wir verschießen uns gnadenlos in die Frau des besten Kumpels, ohne es uns anmerken zu lassen, wir gehen höchstens einmal am Tag auf die Pipi-Box, falls uns das zweite Bier nicht vorher dazu zwingt und wir haben auch mit fünfzig noch einen Waschbrettbauch, wenn wir im Freibad an einer zwanzigjährigen Blondine vorbei gehen.

Ja, wir Männer kaufen sogar recht gerne ein, sofern es sich beim Einkauf um die wirklich wichtigen Dinge des Lebens handelt.
Was gibt es Schöneres, als bei einer Dampflok im Maßstab 1 : 87 – Ha-Null – genauestens alle Details der Rohre auf dem Kessel und beim Triebgestänge der Räder zu bewundern.

Wer kennt es nicht, dieses unnachahmlich kräftige Gefühl, wenn man im Baumarkt den Schlagbohrer von Bosch in den Händen zucken fühlt oder wenn sich unterm eigenen Arsch das neue Rennrad mit den mindestens zweihundertsiebenundvierzig Gängen mit Sattelfederung leicht wie im Wind wiegt.

Lebensmittel sind auch notwendig und so ist deren Kauf dann schon mehr ein notwendiges Übel. Brot sollte dunkel sein und muss möglichst viele, möglichst große sichtbare Körner haben. Fleisch kommt vom Schwein, Lamm oder Rind. Geflügel ist jedoch, abgesehen von der Weihnachtsgans, dann doch eher was für Frauen. Schon wenn man sich so eine mickerige Hähnchenbrust ansieht, merkt man, da ist doch nichts dran ... also ... ähm ... kein Fleisch. Gemüse ist ein notwendiges Übel, um den Magen

138

zu beruhigen. Salat hingegen lässt man besser liegen. Ich fresse doch nicht meiner Hauptnahrung das Futter weg.

Ganz klein wird der Mann hingegen, wenn es um den Kauf von Klamotten geht.

Grundsätzlich bei allem, was man sich so an Anziehsachen kauft gilt, je schneller man aus dem Laden wieder heraus ist, um so besser.

Den Größenbezeichnungen im Internet indes traue ich so lange nicht, wie sie nicht in der simplen Männersprache abgefasst sind. XXL passt schließlich immer!

Darum sind Kik, Takko und Primarkt oder die Grabbelecken bei Mac Geiz bei uns so beliebt, da kann man sehen und ganz, ganz kurz anfassen, was man da kauft.

Beliebt bei uns Männern ist der Kauf von Hand- oder Geschirrtüchern. Da kann man schon mal nichts falsch machen.

Schals passen auch … komischer Weise … irgendwie immer.

Schuhe da geht's bei mir geht auch nicht nach Aussehen, sondern bei Größe 47 nur noch nach "Preis passt" oder "Preis passt nicht". Bei Socken orientiert man sich vorzugsweise mit an der Schuhgröße.

Auch den Kauf von Basecaps, Bademänteln, Jogging- oder sogenannten Freizeithosen, Unterhemden, T-Shirts und Holzfällerhemden bekommen wir Männer noch irgendwie hin.

Bei Unterhosen hat Mann für den Alltag die komfortablen, übergroßen Feinripp, für den Winter die Langen und für den heimlichen Damenbesuch die ganz, ganz enge.

All das kauft Mann ruhig, wohlgemerkt bei simpler Größenangabe, auch mal im Internet.

Der Kauf einer Hose ist für alle Männer indes Stress pur, denn Hosen sollte man möglichst anprobieren.

Außerdem weiß kein, von einer Frau nicht ausdrücklich gebriefter, Mann wirklich seine Hosengröße. Bei Jeans gibt's nur englische Maßangaben, sofern die Jeans nicht aus Kanada kommen, denn da sind es französische, bei Stoffhosen hat man deutsche Angaben, sofern die Hosen nicht aus Osteuropa importiert wurden, und so weiter.

Das heißt, Mann muss persönlich in einen Laden gehen, Mann muss sich beraten lassen und dabei das direkte Gespräch mit einer Fachverkäuferin suchen.

„Ja, ick suche so 'ne Hose, so für mich so."

Nun bekommt man von der schnuckeligen Verkäuferin, die man in diesem Moment kaum noch als Frau, sondern eher als neunarmigen Drachen wahr nimmt, mehrere Hosen gezeigt und sollte sich jetzt für zwei Hosen, zwei reichen, entscheiden, die man nun obendrein noch anprobieren muss.

Mann geht also in eine Umkleidekabine, in der einem erstmal aus der Hose, die man jetzt auszieht, Schlüssel, das Kleingeld, die Brieftasche, die Kastanie, die Taschentücher, die Krähenfeder, der USB-Stick, der Einkaufschip und die Hustenbonbons aus den Hosentaschen fallen, wenn nicht gar noch Kondome mit Himbeergeschmack oder die Autoschlüssel.

Nun stellt man fest, dass die Löcher in den Strümpfen, also diese Löcher waren doch heute morgen, … die waren doch vorhin noch nicht da!

Als nächstes muss man sich in diese neue Hose hinein zwängen. Dabei verheddert man sich natürlich noch mit dem alles schützenden Umkleidekabinenvorhang und mit den Hosenträgern der abgelegten Hose.

Bei der ersten Kniebeuge knackt die neue Hose nun

verdächtig und das obwohl die blonde Verkäuferin sagt: „Sie sehen aber gut aus, darin."

Beim ausziehen der einen neuen und anziehen der anderen neuen Hose wirft man selbstverständlich den Hocker mit der alten Hose um und deren Hosentascheninhalt rollt nun durch den ganzen Laden, während dieser zarte Engel von Verkäuferin flötet: „Na mit dieser Hose werden sie aber bei ihrer Freundin einen positiven Eindruck hinterlassen."

Jetzt geht alles sehr schnell. Man flutscht nur in die alte, schlabbernde Hose, denkt beim bezahlen etwas in der Richtung wie „gegen Piraten kann man sich wenigsten wehren" und verlässt mit einer großen Tüte fluchtartig den Laden.

Deshalb, genau deshalb haben Männer nie mehr als drei Hosen, eine zum arbeiten und renovieren, eine für den Alltag und dann noch "die Gute". Und genau deshalb tragen Männer ihre Hosen meist bis sie zerfallen. Und erst wenn die beste Kumpeline mit einem Augen zwinkern umschreibt: „Wir erklären deine Hose mal zur neuen Mode." und die neue Freundin mäkelt: „Siehst ja aus, wie John-Boy Walton!", erst dann ist wirklich eine neue Hose fällig.

***

Warum Tina nie mit mir ausgehen sollte!
am 25./26./28./29.11./3.12.06

In einer anderen Geschichte erkläre ich, warum ich derzeit nicht mit Tina ausgehen werde. Hier nun erläutere ich, weshalb Tina schon von sich aus, nicht mit mir ausgehen sollte.
„...Wenn ich merke, dass eine Frau sich für mich interessiert werde ich sofort zum Egoisten und zum Tyrannen! ..." so ein Satz des Dr. Higgins aus dem Musical „My fair Lady".

Das stimmt bei mir nur bedingt!

Zum Egoisten werde ich einzig, wenn sich Tina nach anderen Männern umsieht. Da Tina sicherlich auch, emanzipiert wie sie ist, einen angesehenen Job hat, arbeitet sie infolge dessen also auch mit FREMDEN Männern zusammen und da werde ich zum Egoisten, denn ich will Tina ganz für mich allein.

Macho-Gehabe vorher hin oder her, wenn ich erst mit Tina zusammen bin, mutiere ich zum butterweichen Softie und lasse mich bei ihr einfach fallen. Da mache ich fast ALLES für sie! Ich schrubbe den Fußboden, lackier ihr die Fußnägel, bringe die Gardinenstange an, obwohl ich so etwas noch nie gemacht habe, da melke ich ihren Hamster, schrubbe das Klo und mache ihr sogar ein Baby, wenn sie es will! Ich bin gar ein liebevoller Vater, ein rücksichtsvoller Geliebter und ein handwerkliches Universalgenie ... .

Und wem schaut Tina dann hinterher? Sicherlich nicht dem Frauen-Verstehenden Dauersoftie oder dem Kinderwagen schiebenden Papa, sondern Tina schaut sich dann garantiert nach dem hochnäsigen Zuhältertyp mit Goldkettchen um.

Den normalen Mann sieht Tina nicht mehr, wenn sie erst mit mir zusammen ist. Dabei sind sie doch toll diese jungen, glücklichen Väter die dann, mit „wuzzi-guzzi-wuzzi-wuh" im Supermarkt drei komplette Gänge blockieren, weil ihre Sprösslinge gerade eingemacht haben oder weil die lieben Kleinen vor dem Süßwarenregal stehen und ohne die Haribo-Goldbären mit Thomas Gottschalk nicht gehen wollen und die deshalb Schrei-, Kreisch- und Wutanfälle gleichzeitig bekommen. „Nein Papa, aber ich will!"

Am Marmeladen-Regal darf dann der Sprössling den Wagen ganze allein schieben, während sich auf dem Boden Nutella mit Scherben, Sirup und Waldhonig mischt. Und das Finale ist dann an der Kasse, man selbst hat vielleicht zwei, drei Artikel ... so 'n Glas Bockwurst und 'n Sixpack und die Kleinen „... wuzzi-guzzi-wuzzi-wuh ..." dürfen dann erst alles aufs Band legen und nach dem Piep an der Kasse auch den Wagen wieder ganz allein einräumen. Dabei niesen sie dann nochmals und schmieren ihren Schnodder aufs Laufband, während der rührige Papa seine 10,32 €uro mit Karte bezahlt.

So ganz nebenbei wird dann rasch noch die Dose Bier von dem nachfolgenden Onkel in Papas bereits bezahlten Einkaufswagen geschleudert, weil der Nachwuchs schließlich weiß: „Papa = Bier!"

Genauso nett sind auch diese alten Ehepaare, seit fünfzig Jahren verheiratet oder so. Während er hilflos mit seinem Rollator fast ins Schnapsregal fällt und seiner Ollschen durch den ganzen Laden zubrüllt: „Muddelchen, was wolltest du denn nun?", blockiert sie mit ihrem Einkaufswagen fünf Meter Kühlregal, vor dem sie sich nicht entscheiden kann, ob sie die Scheibletten oder den Frischkäse nimmt, während ihre Enkel vor dem Süßwarenregal bläken oder wildfremde Menschen anbetteln: „Onkel, kaufste mir das?"

An ganz anderer Stelle gibt's da noch diesen Typen Matze Wummerfinger. „Eh, kennste meine Alte? Geil wa?" Matze Wummerfinger sitzt im PC-Erweiterungskurs des Arbeitsamtes garantiert neben dir. Er ist seit gut zwanzig Jahren mit ein und derselben Frau verheiratet, zum Glück für die Umwelt bislang ohne Kinder und hat irgendwann schon mal auf irgendeinem PC seinen Lebenslauf getippt, ansonsten spielt er Nintendo. „Eh, was passiert'n wenn ich die Eingabetaste drücke?" „Dann gibst du einen Befehl!" „Eh geil eh, ... aber bei meiner Frau ist das irgendwie anders!" Logisch! Eine Frau kann man auch schließlich weder mit Enter noch mit dem Affengriff gefügig machen! Aber seine Alte ist geil, wa?

Tina braucht das alles nicht! Es genügt, wenn sie bis zum nächsten Imbissstand schwebt, um sich etwas Warmes für die Nacht zu besorgen. Auch ein Flirt in der S-Bahn, über den Brillenrand hinweg, im Supermarkt an der Kasse, im Rückspiegel ihres Autos, oder beim Schwitzen im Fitness-Center sind ihr geläufig, macht sie fast täglich und immer, wenn sie es will, mit Erfolg. Sie leckt sich nur über ihre Lippen, wirft einen Blick über ihre Schulter oder wippt beim gehen etwas mit den Hüften und schon starren ihr männliche Augenpaare nach. Kerle sind doch sooo blöd ... und sind so leicht zu bekommen! Ein kleines Lispeln, ein Augenaufschlag: „... Ist das Benzin oder Axe, was da an dir duftet?" „Männer-Schweiß!" „Das habe ich in der Intensität ja noch nie gerochen!"

Oder der verschlafene Blick in die Augen gegenüber, „Entschuldigung" hauchen und sich dabei ganz, ganz langsam nach vorn beugen, so dass der Wonderbra nichts mehr zu halten braucht, dabei wie geistesabwesend lächeln und mit nur zwei Fingern den Steno-Stift aufheben, ... das reicht und der Kerl ihr gegenüber wird sofort vergessen, mit wem er verheiratet ist oder dass seine Freundin eigentlich Peter heißt!

Da Tina überhaupt nicht kochen kann lädt sie sich deshalb gern einmal zu Rolf, Dietmar, Dave oder Micha zum Candle-Light-Dinner ein. Dabei bringt sie dann erneut die Flasche Rotwein der Marke Staubtrocken mit, von dem sie weiß, dass er weiß, wie sauer dieser Wein wirklich ist, so dass sie diese Flasche an dem Abend gleich wieder mitnehmen darf. Ist das Dinner vorbei und er will mehr, als sie nur rasch mit seinem Auto nach hause fahren, fallen Tina bestimmt noch ein paar Stimmung zerstörende Sprüche ein, wie: „Stimmt es, dass Feinripp-Unterwäsche jeden Mann zum Looser macht?" ... oder ... „Gibt's das Hemd, das du trägst, auch in deiner Größe?" ... oder ... „Also Micky-Mouse-, Rennwagen- oder Fußball-Bettwäsche find ich ja total abturnend!" ... oder ... „Nächste Woche wollte ich mit meinen Kindern ins Museum! Komm doch mit!" ... oder ...

„Wie ich sehe, stimmt es wohl, dass zu viel Kaffee alle Männer impotent macht!" ... oder ... „Darf ich mal das Fitness-Studio von meinem Freund anrufen? Ich muss ihm unbedingt erzählen, wie du deine Bratensoße machst!"

So kommt es, dass Tina einen so großen Bekanntenkreis hat, dass niemand, also kein Mann, genau weiß, wie es mit ihr Beziehungstechnisch aussieht. So lässt sie auch gern alle im Unklaren, denn man weiß ja nie, ob man nicht doch mal eines Tages einen preiswerten Sperma-Spender braucht.

Da ich jedoch Tina ganz für mich allein will ... ohne mir ständig vorschwärmen lassen zu müssen, wie gut Micha kocht, wie kuschelig Peters Ofenbank ist oder wie rasant Udo's Käfer in die Kurven geht, verzichte ich gern darauf, Tina einzuladen. Sie will mich doch schließlich auch nicht ... wirklich! Da bekoche ich lieber meinen Hamster, diniere bei Kerzenschein vorm Aquarium und warte darauf, dass Tina eines Tages doch noch normal wird und sie mich mal dazu einlädt, ihre neue Satin-Bettwäsche einzuliegen, nachdem sie mich nach allen Regeln der Kunst verführt hat.

***

Was in der Zeitung steht
am 12.4.2011

Man liest es früh, wer's gerne hat
Das heiß geliebte Morgenblatt.
Es kreischt dich an, mit Bumm und Päng
Der Mörder von der Mörder-Gang!

Dann auch die linke Politik,
liegt immer arg in der Kritik!
Man sieht auch viele, bunte Zahlen,
vom Sport, dort sind es meistens Qualen.

Der SPD-Chef, was für'n Wunder,
der wird wohl auch noch immer runder.

Dann kommen Seitenweise Damen,
die dich erlösen von den Dramen,
und die dir alle Gutes tun,
wenn du bequemst dich auszuruh'n.

Es wird berichtet, dass man weiß,
die Paris Hilton ist wohl heiß!
Und Stefan Raab macht eine Schau
mit einem Hund und'nem Wau-Wau!

Die Kanzlerin, wer hät's gedacht,
hat über'n Hartzie froh gelacht.

Und Hartzies, diese ollen, bösen,
die möchten doch so gerne dösen,
und lieber, jetzt kommt die Pointe,
jetzt schon warten auf die Rente!

An allem Übel auf der Welt,
so wird es dann noch dargestellt,
ist schuld allein der Islamist,
weil der so oft in Deutschland ist.

Die CDU und FDP,
mit unsrer Kanzlerin Idee,
die tun uns allen wirklich gut,
weil sie allein besitzen Mut.

Es kommen dann nochmals die Damen
Die dich erlösen von den Dramen,
und die dir knacken deine Nuss,
für'nen „geringen" Obolus.

Das, was die Morgenzeitung macht,
das ist, wer hätte das gedacht,
du jetzt schon hast die Schnauze voll
und wütend fluchst in deinem Groll:

Wer hat es mir denn nur geholt?
Ich fühl' mich jetzt schon doll verkohlt,
denn ich hab's wirklich heut' schon satt
dieses verdammte Lügenblatt!!!

***

Was man alles machen kann
am 29./30./31.1.09

Ich werde immer mal gefragt: Wie viel ist Selbst erlebtes in
deinen Geschichten und was hast du dazu gedichtet? Also
hier ist es so, dass der erste Teil bis einschließlich zum
Telefon in Wirklichkeit gut zwanzig Minuten dauerte. Da
hab ich hier gekürzt. Alles andere ist wahr!

Ich saß im Wartebereich eines Augenarztes, darauf lauernd,
dass mir Frau Doktor mehrfach tiiiief in die Augen schaut,
als eine junge Frau, eine sehr, sehr junge Frau, das
Sprechzimmer von Frau Doktor verließ und sich an den
jungen Mann wandte, der hinter dem Anmeldetresen der
Arztpraxis saß.

Sie: „Ich weiß gar nicht, Frau Doktor hat ja überhaupt nichts
mehr zu mir gesagt!"
Er: „Was hat sie nicht gesagt?"
Sie: „Na, ob meine Augen denn nun in Ordnung sind, oder
nicht!"
Er: „Also, wenn sie nichts weiter zu ihnen gesagt hat, wird
wohl auch nichts weiter sein."
Sie: „Aber ich wüsste schon gern meine Dioptrien-Stärke."
Er: „Haben sie denn ein Rezept bekommen?"

Sie, entrüstet: „Nein!"

Er: „Na, dann wird ja wohl alles in Ordnung bei ihnen sein."

Sie: „Aber ich wüsste schon gern meine Dioptrien-Stärke."

Er: „Ja, warum eigentlich nicht."

Sie: "Ist Frau Doktor denn jetzt nochmal für mich zu sprechen?"

Er: „Sie waren doch gerade bei ihr selbst im Behandlungszimmer drin. Das geht jetzt in diesem Augenblick leider nicht mehr, denn sie behandelt bereits den nächsten Patienten."

Sie: „Kann ich denn dann hier warten, bis sie den Patienten fertig behandelt hat?"

Er: „Das können sie durchaus!"

Sie: „Ich könnte aber auch anrufen!"

Er: „Ja, klar!"

Sie: „Also, wenn ich jetzt nach Hause gehe, kann ich sie dann hier anrufen?"

Er: „Das dürfen sie gerne machen."

Sie: „Kann ich sie denn dann gleich anrufen?"

Er: „Ja, aber rechnen sie damit, dass sie unter Umständen eine Minute warten müssen."

Sie: „Sie haben doch hier in der Praxis Sprechzeit bis 18.00 Uhr. Sollte ich besser erst dann anrufen?"

Er: „Sie sehen ja, wie voll es jetzt, um 16.30 Uhr, hier noch ist. Es kann sein, dass Frau Doktor dann noch behandelt."

Sie: „Ich könnte aber auch morgen Vormittag bei ihnen anrufen."

Er: „Wenn sie morgen Vormittag Zeit dafür haben. ..."

Sie: „Oder ich gehe jetzt raus, setze mich auf eine Bank hier gegenüber auf dem Helmholtzplatz und rufe sie dann dort von meinem Handy aus an."

Er: „Aber selbst wenn sie von ihrem Handy aus anrufen, kann es passieren, dass ich sie nicht sofort zu Frau Doktor durchstellen kann oder ich ihre Werte habe."

Sie: „Wissen sie, ich wohne doch hier um die Ecke, ich könnte sie also auch gleich vom Festnetz von zu hause aus anrufen."

Er: „Das können sie sehr gern."

Sie: „Aber ich müsste schon noch vorher meine Tochter aus der KiTa in der Lychener Straße abholen. Dann kann ich sie anrufen."

Er: „Auch das können sie."

Sie: „Vielleicht ist ja meine Tochter auch noch gar nicht so müde, dann könnte ich auch mit ihr hier nochmals kurz in der Praxis vorbei schauen."

Er: „Bringen sie ruhig ihre Tochter mit, aber es kann dann trotzdem durchaus passieren, dass sie noch eine Minute warten müssen."

Sie: „Kann man Frau Doktor denn auch eine E-Mail schreiben?"

Er: „Das kann man. Ich geb ihnen mal die E-Mail-Adresse." Er schreibt ihr etwas auf einen Zettel, sie sieht sich den Zettel lange an und überlegt.

Sie: „Dann kann ich doch gleich noch von zu hause eine E-Mail schreiben."

Er: „Unbesehen! Das können sie."

Sie: Aber bereits wenn ich in die KiTa gehe, da komme ich schon an einen Rechner ran."

Er: „Wenn das so ist ..."

Sie: „Aber vorher komme ich doch noch an diesem Internet-Café vorbei, dann könnte ich doch auch von da aus eine E-Mail schreiben."

Er: „Sie sagen es!"

Sie: „Oder, auf dem Rückweg, ... wenn ich mit meiner Tochter auf dem Heimweg von der KiTa bin, dann komme ich auch an diesem Internet-Café vorbei, da kann ich ja auch dann eine E-Mail an sie schreiben."

Er: „Aber denken sie daran, dass Frau Doktor ihnen nicht sofort antworten wird, sondern vielleicht erst heute Abend oder morgen früh."

Sie: „Dann könnte ich aber auch meinen Mann persönlich hier vorbei schicken."

Er: „Pfff ... Wenn er sich als ihr Mann ausweisen kann...."

Sie: „Ja, ja, das kann er, wir sind verheiratet. Aber ich

könnte ihn dann ja auch mit meiner Tochter hierher begleiten."

Er: „Wenn sie ihre Familie mitbringen wollen, dann tun sie das."

Sie: „Eigentlich wollten wir aber heute, noch kurz vor dem Abendessen, einen kleinen Spaziergang rund um den Kollwitzplatz machen. Dann könnten wir kommen."

Er: „Tun sie es, wenn es dann noch nicht 18.00 Uhr ist!"

Sie: „Wissen sie, ich fange morgen erst um 10.00 Uhr an zu arbeiten. Da könnte ich vorher noch allein mit dem Auto hier vorbei kommen. Ich könnte sie aber auch morgen von Arbeit aus anrufen. Oder meine Tochter und mein Mann rufen sie morgen früh an. Mein Mann könnte sie auch heute Abend noch anrufen. Ich könnte meinen Mann aber auch am morgen noch in sein Büro begleiten und sie dann von dort aus anrufen. Oder ich schreibe ihnen morgen aus dem Büro meines Mannes ein E-Mail, bevor ich sie aus meinem Büro anrufe."

Genau in diesem Moment wurde ich ins Behandlungszimmer zu Frau Doktor gerufen.

***

Weihnacht im Trend
am 21.12.08

Advent, Advent
Liegt voll im Trend
Die Kids bekommen reichlich Schnee
Und Knut im Zoo hat Arktis-Weh
Die Weichnachtgans, die schmeckte mal
Bald sind die Knochen leer und kahl

Gedichte keiner selbst mehr sagt
Weil niemand das bei Google fragt
Advent, Advent, ein schöner Traum
Von Frieden und vom Weihnachtsbaum

Schon sitzen alle, herrlich matt
Genüsslich, Bauch voll, mächtig satt
Und denken schon ans nächste Fest
Das niemand sich entgehen lässt.

Ich wünsch Euch allen'n schönes Jahr,
das besser, als das letzte war!
Viel Pfefferkuchen und viel Geld,
für Tina ihren Strahle-Held,
Dem Udo eine nette Braut,
mit der er sich auch trauen traut.
Uns allen, lasst uns einen heben,
ein wundervolles, ruh'ges Leben!

***

Wer ist Tina?
am 6./17./25.9.05

Es war einer meiner typischen Tage, am Abend zuvor war
Sylvia plötzlich aus meiner Wohnung ausgezogen, Ulrike
war morgens wortlos verschwunden und Conni ging nicht
mal mehr ans Telefon! Trübsinnig schlurfte ich durch unsere
kleine Straße auf der Suche nach einem Glas Bier zu
Berni's-Bier-Bar. Plötzlich hörte ich eine weibliche Stimme,
die sich über die Sprechanlage in irgendeiner Haustür
meldete: „Hallo? ... Hallo? Wer sind sie?"

„Ich bin John Lennon und komme dich holen!", rief ich
sarkastisch, machte aber, dass ich schnell weg kam, um den
Rest des Tages, ohne Frauen, in Ruhe in Berni's-Bier-Bar zu
verweilen.

Es war einer meiner typischen Tage, der Kopf dröhnte mir
noch von Berni's-Bier-Bar, am morgen hatte mich wortlos
Andrea verlassen und ich schlurfte trübsinnig durch meine
kleine Straße auf der Suche nach einem Glas-Bier-Geschäft,

151

als sich aus der Wechselsprechanlage in irgendeiner Haustür eine weibliche Stimme vernehmen ließ:

„Hallo? ... Hallo? Wer sind sie?"

„Ich bin Barry Graves Rache und komme dich holen!", rief ich sarkastisch, machte aber, dass ich schnell weg kam, um den Rest des Tages, in Ruhe ohne Frauen, in Berni's-Bier-Bar zu verbringen.

Es war einer meiner typischen Tage, frühmorgens hatte mich wortlos Ramona verlassen und mir dröhnte noch immer der Kopf vom gestrigen Abend. Trübsinnig schlurfte ich durch unsere kleine Straße, als sich über die Wechselsprechanlage in einem dieser Häuser eine, mir nicht unbekannte Frauenstimme meldete. „Hallo? Sind sie es?"

Mir kam die Situation verdammt bekannt vor.

„Ick bin Kaiser-Wilhelms Rache und komm dich holen!", rief ich sarkastisch und wollte schon machen, dass ich schnell weg kam, blieb aber wie angewurzelt stehen, als sich die ferne Stimme erneut meldete:

„Hallo! Hier ist Tina! Wer sind sie denn nun?"

Spontan machte ich auf dem Absatz kehrt und ging heute nicht in Berni's-Bier-Bar. Einen guten Schluck gab es schließlich auch in Winnis-Weinkeller.

Die folgenden Tage verliefen irgendwie untypisch!

Abends war ich in Winnis-Weinkeller, Nachts verließ mich Daniela, Antje, Gerlinde oder Paula, morgens war ich von allen verlassen und schlurfte, auf der Suche nach einem Glas Wein, zu Winnis-Weinkeller.

Ich weiß nicht, was mich ritt, nach nur einer Woche wieder in Bernis-Bier-Bar zu gehen? War es, weil ich, nach diesem ganzen Rotwein endlich mal wieder Durst auf ein zünftiges Glas Bier hatte, war es, weil Sylvia zum zweiten mal innerhalb von nur einer Woche mit mir Schluss gemacht hatte? Ich schlurfte so durch meine Straße, vor meinem inneren Auge sah ich schon ein leckeres, süffiges Pils mit großer, weißer Blume, als ich aus meinen Gedanken gerissen wurde.

„Hallo! Hier ist Tina! Wie geht's ihnen?", kam es aus einer Sprechanlage.

Ich machte vor Schreck einen Satz in den Rinnstein, trat „ins Glück" und verschüttete die Hälfte der Flasche Bier, die ich in den Händen hatte.

„So'ne Scheiße!", rief ich und wischte mir erst das Bier vom Ärmel und dann den Köter-Kot von den Schuhen. Ich machte auf dem Absatz kehrt und lief unverzüglich nach hause.

In der nächsten Woche verließ ich meine Wohnung nur ein einziges mal, und zwar in Richtung Winnis-Weinkeller, um mir von der Bank etwas Geld und aus dem Supermarkt etwas Nahrung zu holen. Da ich mich in meiner Wohnung einschloss, versäumte ich es, diverse Frauen kennenzulernen, die mit mir Schluss machen konnten. Dadurch ging es mir am Ende der Woche, zum ersten mal seit Jahren, wieder so richtig gut und ich beschloss, mich auf den Weg zu Bernis-Bier-Bar zu machen.

„Geht's ihnen wieder gut?", hörte ich es plötzlich auf halbem Weg aus einer Türsprechanlage.

„Ja!", antwortete ich fröhlich. „Und wie geht's ihnen?"

Eine ganze Stunde lang plauderten wir so. Dann machte ich kehrt und ging wieder nach hause.

So verging die Zeit. Einmal pro Tag schlurfte ich bei Tina vorbei und redete mit ihr über die Wechselsprechanlage, ansonsten war ich zu hause oder bei meinem Job. In Bernis-Bier-Bar ging ich nie wieder. Auch hatte ich keine Frauengeschichten mehr!

Im Sommer, bei 30-grad im Schatten, saß ich auf meinem Anglerhocker vor Tinas Haustür, im Winter fror und trat ich eine Stunde auf der Stelle, damit meine Füße warm blieben, im Frühling führte ich mein neues T-Shirt aus und im Herbst knackte ich Wal-Nüsse nebenbei.

Im Supermarkt, beim Einkauf, in der Bank oder beim Warten auf die Straßenbahn musterte ich heimlich alle Frauen in meiner Umgebung. Eine von denen konnte, ... musste Tina sein!

Auf Alkohol verzichtete ich freiwillig! Ich wollte nie mehr unangenehm auffallen, das nahm ich mir vor.

Eines schönen Tages, Bernis-Bier-Bar und Winnis-Weinkeller waren in weite Ferne gerückt, ging während unseres täglichen Gesprächs der Türsummer. Ich hatte die wildesten Vorstellungen, wer Tina sein könnte, ... von 80-jähriger Oma bis hin zu 12-jährigem Naseweis, deshalb ignorierte ich den Summer.

Unser Gespräch endete wie immer mit einem: „Na denn bis morgen Tina!", als sie ein: „Soll ich jetzt aufmachen?" nachsetzte.
Ich flog förmlich in das Haus hinein, erklomm die Stufen und stand vor einer vollkommen lieben unscheinbaren Frau in meinem Alter.

Unsere Kinder heißen übrigens Berni und Winni!

***

Im ganzen Buch hier so versteckt.
Und ich hoff, daß Ihr es entdeckt.

Ach schade, es ist nun zu ende
und es ist aus mit der Legende.

Weitere Hiddentracks: Bauernsprüche, weiter hinten

Den Text hier habe ich bereits als kleine Episode in meinem Buch „Kaufhallengeschichten, Hundegeschichten, Radiogeschichten veröffentlicht. Eine wahre Geschichte.

Wie ich zu Roland Kaiser wurde

am 25.12.2010 für die Schlagernächte von "Pommes rot - weiß" auf rockradio.de

Dezember 1982 – kurz vor Weihnachten.
In der HO-Kaufhalle Franz-Jacob-Straße, direkt am S-Bf. Storkower Straße stehe ich, als einundzwanzigjähriger Bengel in meiner Funktion als „1.Fachverkäufer Obst-Gemüse" hinter einem Packtisch im Eingangsbereich und verkaufe spanische Orangen, diese echten Nabelorangen.
Um mich herum stehen fünf Europaletten, brusthoch mit Orangenkisten bepackt. Zwei Lehrlinge hinter mir befüllen große Papiertüten mit diesen Orangen und stellen diese Tüten in einem Einkaufwagen links neben mir ab.
Ich selbst stehe an der Waage und „mache" die Preise.
Das Kilo kostet vier Mark.

Mehr als zwei Kilo pro Person soll ich eigentlich nicht abgeben, etwa zwei Kilo sind auch in einer Tüte, aber ich packe aus einer Orangenkiste, die auch noch in diesem Einkaufwagen steht, immer noch ein oder zwei Früchte oben mit rauf, damit es auch ja nicht weniger, als diese zwei Kilo sind, die ich abgeben darf. Dass die gelieferte Menge so nur für weniger Kunden reicht, bedauer ich innerlich, bin aber auch froh, wenn ich nach drei bis vier Stunden ohne Pause diese Menge verscherbelt habe.

Noch während der Zeiger der „Neigungsschaltwaage" mit einer neuen prall gefüllten Tüte Orangen in der Wiegeschale weit schwankend über die Skala mit den Gewichts-Markierungen pendelt, peile ich das Gewicht über den Daumen und rechne: ca. 2,100 Gramm! Ohne kleines Einmaleins und Kopfrechnen geht gar nichts.

„Acht-Mark-Viersich!" verkünde ich und meine liebe Kollegin Monika, die rechts neben mir steht und das Geld der Kunden kassiert, summt ein „...manchmal möchte ich schon mit dir..."

Vor mir eine Wand aus Menschen. Die Schlange der Anstehenden schlängelt sich erst zweimal durch den Eingangsbereich der Kaufhalle, dann durch die Tür hinaus ins Freie und dort noch etwa fünfzig Meter weit in Richtung S-Bahnhof. Die Leute stehen in zweier- und dreier Reihen an. Sie sind nicht wirklich gut gelaunt, denn viele stehen lange, ich weiß nicht wie lange.
Im Hintergrund rasseln an mindestens zwölf der sechzehn Kassenplätze laut die Registrierkassen der Kaufhalle.

Monika neben mir hat keine Registrierkasse sondern nur so eine kleine Geldkassette und so muss auch sie das Wechselgeld, das sie heraus gibt, im Kopf errechnen.

Es ist laut und kalt und die Leute vor mir schimpfen, ... auf die wieder nicht pünktliche S-Bahn, auf den inkompetenten Chef in der eigenen Firma, der wohl nur deshalb Chef wurde, weil er in der Partei ist, oder auf die andauernden Materialengpässe in der der Bude in der man täglich arbeitet oder auch nur auf die viel zu anspruchsvollen Enkel.

Ich versuche nett zu sein und Witzchen zu machen.
Der blonden Frau verkaufe ich blonde Orangen, dem älteren Herren verkaufe ich, sehr zu seinem Vergnügen, auch blonde Orangen, dem Herren mit dem Parteiabzeichen am Revers verkaufe ich extra rötlich-orangene Orangen ... die umstehenden Kunden lachen, der Herr mit dem Parteiabzeichen schmunzelt zumindest.

Ich fasse versehentlich in der Obstkiste links neben mir in eine matschige Orange und verkünde: „Da sehen sie mal, was uns der Klassenfeind hier so alles liefert!" und verkaufe weiter, sage Preise, Monika summt „manchmal möchte ich schon mit dir", Lehrling Sabinchen hinter mir wird durch Lehrling Kerstin hinter mir zur Zigarettenpause abgelöst, ich aber acker weiter, kann bald das Einmaleins kaum noch.

Plötzlich Gewusel vor mir. Ein Kind, etwa vier oder fünf Jahre alt, hat sich in der Schlange von der Hand seiner Mutter losgerissen, stürmt auf meinen Verkaufstisch zu, sieht mich für einen Augenblick mit großen, fragenden Augen an, zeigt mit lang ausgestrecktem Arm auf mich, dreht den Kopf zu seiner Mutter, in dem Moment ist es schlagartig still, und das Kind fragt in diese Stille, auf mich deutend, hinein: „Mama, ist das Roland Kaiser?"

War das ein Lacher! Die Mutter klärte dann mit hoch rotem Kopf auf: „Weil sie immer so nett sind!"
Da bekam ich den roten Kopf!

Das Ding machte unter den über achtzig Angestellten der HO-Kaufhalle, dieses Supermarkts, die Runde. Und so hieß es künftig, wenn sich wieder mal eine Schlange in oder vor der Kaufhalle bildete: „Na, da verhökert unser Roland Kaiser sicher wieder Matsch und Gammel?"

***

Wo bleibt Paris Hilton?
Lese-Überarbeitung eines Artikels für die Januarausgabe 2008 der Prenzelberger Ansichten am 19.12.07 – *häufig gelesen!*

Mitte Dezember 2007 und Edelhu... ähm ... Edelhüpfer Paris Hilton ist in Berlin. Macht wohl Werbung für einen Prosecco in der Dose. Frage mich, für welche, und überlege, wo man sie wohl treffen könnte? Klar, Kollwitzplatz! Anspruchsvolle Kultur ist da nicht mehr, Drogen gibt's im U-Bf. Senefelder, Spielplatz ist da, einen Club gibt's in der

Königstadtbrauerei und teuer ist's um den Kolle auch, seit Bill Clinton einst mit Gerhard Schröder ... passt also!

Warte in der Kollwitzstraße 37. Dort ist ein „rauchfreier", pädagogisch angeleiteter Abenteuer-Spielplatz. Sachspenden werden gesucht. Ich suche Paris Hilton. Studiere weiteres Plakat und stelle fest, dass auf dem Gelände dieses Spielplatzes auch noch Theater gemacht wird. Spielen sogar regelmäßig.

Bemerke, dass es im Prenzlauer Berg immer mehr kleine, aggressive, schicke Autochens gibt, aus denen ja mal Paris Hilton steigen könnte. Früher war der Kollwitzplatz einst ein Eldorado für „Schrott-Möhren", heute stehen Mini-Cooper, Porsche, Daimler-Cabrio, BMWchen herum, und wer von den letzten Eingeborenen mal selbst irgendwo sinnlos herum steht, zum Beispiel weil er auf Paris Hilton wartet, wird sofort angehupt, angerempelt, über die Füße gefahren, angebläkt: „Eh, kannste nicht woanders betteln?"

Sie kommt nicht her! Klar! Auf schöne Frauen muss man warten. Also neuer Versuch und weiter zur Königstadtbrauerei.
Gilt als neuestes Gewerbegebiet. Citylage! Ideal für „Heuschrecken", die hier ihre „Peanuts" verjubeln wollen.
Wäre das nicht was als Investition für Paris Hilton?
Nehme den ersten Seiteneingang in der Saarbrücker Straße und stehe vor einem „Jugendhaus", was immer sich auch dahinter verbergen mag. Dahinter auf dem Gelände Kulissenwerkstätten, Druckereien, Fernseh- und Filmproduktionen, Agenturen für Promotion und sogar eine Autowerkstatt.

Komme mir blöd vor, dass ich hier auf Paris Hilton warte und nur so herum lungere. Um ja nicht erst den Anschein zu erwecken, als baldower ich hier irgendeinen Laden aus, frage ich jemanden, der mit seinem Kopf gerade unter einer

Motorhaube hängt. Er sieht aus wie ein Mechaniker und nicht wie der Chauffeur von Paris Hilton, verhält sich aber so. „Ja, das da ist DAS Roadrunners! Na das ist doch einer der angesagtesten Clubs hier in Berlin! Da müssen sie aber schnell mal rein gehen! … …"

Und während mir ein Automechaniker erklärt, wie ich als Journalist meine Arbeit zu machen habe, liegt mir auf der Zunge, dem Typen zu erklären, dass eine Vor-Ort-Recherche im Journalismus heute eigentlich eher unüblich ist. Aber, er lässt sich in seinen „gut gemeinten Arbeitshinweisen" nicht unterbrechen und steht vielleicht noch heute dort, … als Erklär-Bär. Ich bin schon längst auf dem Weg zum alten Sudhaus. Dort sind viele Büros. Im ehemaligen Brauerei-Ausschank mit Gartenlokal vorn an der Hauptstraße ist heute ein Italiener. Stehen Blondinen wie Paris Hilton nicht auf kleine, charmante Italiener?

Gegenüber, Schönhauser Allee Ecke Saarbrücker Straße dann das Café „Courage". Der Name ist Programm, denn dies ist ein bekannter Treffpunkt für Homosexuelle.
Auch zum „Courage" kam Paris Hilton nicht und ich wollte nun an dieser Ecke nicht wirklich als einsamer junger (hö-hö) Mann herum stehen.

Fazit: der Januar-Artikel ist fertig! Aber wo bleibt Paris Hilton? Wenn auch Sie Paris Hilton garantiert NICHT begegnen wollen, besuchen auch Sie die Königstadtbrauerei und den Kollwitzplatz!
Liebe Grüße an Sie …. und an Paris Hilton

***

Will der Bauer seine Frau bestäuben,
muss er sie vorher erst betäuben.

Wolf
am 26.7.2020

Der Wolf steckt schon in meinem Namen.
Rolf = Rudolf = Ruhm & Wolf
Und so handel ich meist.
Mir ist schon als Kind aufgefallen, dass der Wolf mein Leittier ist, der aber den Bären im Schlepp hat.
„Bärchen" werde ich erst sein ein paar Jahren genannt. Auf Grund meiner Körperfülle und beweglichen Tapsigkeit und auch weil ich meist lächel und mich mittlerweile wenig aus der Ruhe oder zum Schimpfen bringt. Der Bär hat aber auch die Eigenart, dass er, wenn er mal zuschlägt, das dann ohne Vorwarnung und mit vollster Wucht macht, so wie ich.
Der Wolf ist aber näher an meinem Wesen.

Wölfe sind Rudeltiere, die sich aber auch ganz gut, im Gegensatz zu Hunden, allein durchschlagen. Wölfe lassen sich von Hunden äußerlich oft kaum unterscheiden. Er bleibt aber ein letztlich ein wildes Tier, das seinen eigenen Kopf hat.

Für mich sind die meisten anderen Menschen Hunde. Hunde sind lieb. Sie machen das, was man ihnen sagt, genau so, wie man es ihnen sagt.

Ich sehe zwar aus, wie ein Hund, bin aber der Wolf. Ich mache meist, was man mir sagt, aber ich mache es nicht immer. Und ich mache es fast immer auf meine Art. In dem Moment, in dem man mir Vorschriften machen will, versuche ich unwillkürlich auszubrechen. Das heißt nicht, dass ich nun grundsätzlich gegen alle Normen, Gesetze und Vorschriften bin, aber ich überlege mir sehr genau, was ich da tu. Im Allgemeinen gehe ich meinen eigenen Weg. Manchmal sind es bereits Trampelpfade, die andere hinterlassen haben. Meist aber bin ich der erste auf diesem Weg. Das heißt nicht, dass ich das Fahrrad neu erfinde, aber mein Fahrrad hat vermutlich eine andere Schaltung. Mit meinem Fahrrad kann ich über Kopfsteinpflaster fahren oder darauf jemanden mitnehmen. Wie gesagt, ich bin der Wolf. Wollte man mich in einen Hundeschlitten spannen, würde ich versuchen, in die entgegen gesetzte Richtung zu ziehen.

***

Zahnarztgedicht
am 5./6.3.08

Meen Maul tut weh
Ojemine
Da muss ick wohl zum Zahnarzt rennen,
bevor ick anfange zu flennen.

Den Doktor kreisch ick böse an,
weil ick nicht mehr beißen kann:
„Nun treiben sie's nicht auf die Spitze
und geben'se'ne Betäubungsspritze!"

Der Dentist ist ein braver Mann
und macht sich an die Arbeit ran.
Erst piekt er hier, dann schabt er dort,
da sind schon die Zähne fort, ...

Er klopft auf was, da wird mir übel.
Ich spucke in den Ausspuck-Kübel.
Nun jagt er, spitz und flink hinein,
die Spritze unters Nasenbein.

Er murmelt was, ick soll wohl warten,
er steht schnell auf und geht wohl darten.
Zäh fließt die Zeit derweil dahin,
der schlechte Zahn, er ist noch drin!

Die Schwester kommt, der Doktor auch
Die Schwester nimmt den Absaugschlauch
Der Doktor lässt den Bohrer an,
damit er nun schön bohren kann.

Derweil ist mein Gesicht betäubt,
der Doktor mit dem Bohrer stäubt.
Und irgendwann erreichen meine Nase
staubige Verbrennungsgase.

Jetzt schmeck' ich Blut und wohl auch Eiter,
das Zahnarztlächeln, es wird breiter.
Der Bohrer kreischt, ich bin erschrocken
Und würd' jetzt lieber Tina bocken!

Bevor das Loch fängt an zu lecken,
beginnt der Zahnarzt 's abzudecken.
Die Schwester kommt mit einer Schraube
Er steckt sie oben auf die Haube.

Nun wird noch etwas dran gefeilt,
bevor die Masse sich verkeilt.
Es wird auch kräftig noch poliert
und 's Zähne beißen ausprobiert.

Der Doktor grinst, er wirkt sehr heiter
Er kramt in meinen Zähnen weiter.
Und spricht voll frohem Hintersinn,
„Da ist wohl noch ein Fauler drin!"

Der Schluss kommt gänzlich unerwartet,
das Rechnung schreiben wird gestartet.
Er gibt mir 'nen Termin für morgen
Und ich soll mich nicht weiter sorgen.

Nun kommt dann so zum guten Schluss
Das was am Ende kommen muss.
Der Zahnschmerz bleibt, oh ach, oh weh
Ich spucke Blut auf meine Zeh.

Die neue Plombe, die wirkt Wunder
Und wandert schon den Hals hinunter.
Der Zahnarzt reibt sich seine Hände,
er wickelt zum Glück nie Verbände.

***

Ziehen sie eine Nummer!
am 8./9.2.2006

Wenn man irgendwo wartet, egal wo, beobachtet man
andere Menschen und andere beobachten einen natürlich
auch selbst. Es wäre unnatürlich, wenn die anderen einen
nicht beobachten sollten, denn man macht es ja auch!
Um möglichst nicht aufzufallen, setzte ich mich am liebsten
in eine Ecke, mit dem Rücken zur Wand. Und bitte nicht
auffallen, wenn man die anderen beobachtet. Schade, dass
ich nie bei "Horch und Kuck" war, sonst könnte ich das
wohl noch unauffälliger.

Also Orte, an denen Menschen warten, sind für mich als
Schreiber immer interessant. Natürlich ist es auch
interessant, zuzuschauen, wie in einer riesigen Lehmgrube
mitten in der Stadt ein zwanzig Meter hoher Bagger
aufgestellt wird, wie in Wernigerode bei der Brockenbahn
die Dampfloks am Endbahnhof umrangieren, wie
Feuerwehrmänner bei einem Brand ein Haus stürmen oder
wie Kalle und Beate im Park hinter einem Busch ihren
Liebesspielen nachgehen, aber leider sieht man die
Menschen zu selten bei ihren richtigen Tätigkeiten und
manchmal wäre dies auch gänzlich uninteressant ... denken
sie nur an einen Beamten, kurz vor seiner Pension!

"Thimmy, komm da weg!" Dieser Ausruf aus Frauenmund kann verschiedenes Bedeuten, wenn man die Vorgeschichte nicht kennt, weil man vor sich hin gedöst hat. "Thimmy komm da endlich weg!"

Wer zum Teufel ist Thimmy? Wenn man im Wartebereich bei einer Neurologin sitzt, kann Thimmy sonstwer sein! Also schaut man sich vorsichtig um. Ist hier irgendwer, der hier irgendwas macht, was hier nicht hergehört? Ist Thimmy vielleicht der Nachbar dieser süßen Blondine, der ihr nur ins Ohr geblasen hat, ist Thimmy ein kleines Kind oder ist die Blonde schizophren und sie unterhält sich mit sich selbst?

"Thimmy, lass den Herrn in Ruhe!" Der Herr bin wohl ich, weil sonst kein anderer über 40-jähriger mehr wartet, wie ich feststelle, und im selben Moment schiebt sich mir eine lange, feuchte Schäferhundnase in meinen Genitalbereich! ... Jetzt nur nichts falsch machen ... und abwarten.

Ich blicke auf und meine Augen fragen: "Ist das Thimmy?", aber schon höre ich ein: "Keene Angst, der tut nix!" Weiß der Hund das auch? ... Ich erinnere mich an meine Bessy, die Pudeldame aus meiner Kindheit, die auch "nix tat", die aber alle größeren Hunde immer in die Flucht schlug! ... Obwohl Bessy in meinem Bett schlief, war ich mir bei ihr nie so ganz sicher!

Im Jobcenter sind die Leute meist alle mies drauf. Wenn sich doch mal eine Unterhaltung anbahnt, dann geht es nur um die Probleme mit dem Jobcenter. Worum auch sonst. "Wath denn? Muths man hier auch ssson sthehen?" Derjenige, der sich in der Warteschlange vor dem Wartebereich im Jobcenter auf diese blöde Frage einlässt, hat IMMER verloren, weil man sich nun mit diesem unterhält, diese Person das allgemeine Interesse weckt, weil, man hat ja sonst nix zu tun, außer warten ... und den zerfledderten Roman, den man für den Notfall dabei hat, kennt man schon in und auswendig, ... und da tut sich nun

164

etwas Neues auf. Vielleicht kann man ja aus den Gesprächen noch was lernen. Neugierig ist man ja nicht ... man will nur alles wissen!

Die Bearbeiterin da hinten aus dem Büro ist tückisch und böse! Ich hab hier schon mal sieben Stunden lang warten müssen, weil man mich vergessen hat! Was ist eigentlich das Formular P2? Hat man Anspruch auf Kohlengeld auch im Sommer? Warum haben die ihm im letzten Monat seine Bezüge um neun Euro gekürzt? Nur eines steht für alle fest: Arbeit vermitteln sie im Jobcenter nicht!

Interessant sind auch Kneipen und Cafés in denen man wartet. Während in Kneipen immer gleich die Welt-Revolution beginnt, muss man in Cafés erst mit ein paar Studenten lange diskutieren, bevor die Weltrevolution angedacht werden kann. Cafés sind auch irgendwie netter, weil die Leute da netter sind, meist alkoholfreie Getränke genießen und das Niveau einfach ein anderes ist. Frisch verliebte Pärchen tummeln sich, Freundinnen hetzen, Touris staunen und auch die Kellnerinnen sind süßer.
"Thimmy, Thimmy lass das und lass den Herrn da in Ruhe!"
... Was wären Schreiber ohne Cafés?

Im Vorzimmer eines Chefs, auf den man wartet, ist es jedoch ganz anders. Zum einen ist man ja selber mächtig nervös, zum anderen taucht da garantiert nicht Thimmy auf! Was will der Chef, der Alte, der Knilch denn ausgerechnet heute von einem? Die Tür zum Chefzimmer ist verschlossen und wohl auch leider schallisoliert. Wer weiß, was der heute für eine Laune hat. Die Tür vom Vorzimmer des Chefs zu den anderen Räumen ist jedoch halb geöffnet und so bekommt man das hektische tippen auf uralten Schreibmaschinen, Telefonklingeln, Nachfragen, das eilige Geklapper hoher Damenabsätze, mehrfaches Stimmengewirr und den Duft frisch gebrühten Kaffees mit.
Im Vorzimmer des Chefs selbst ist es ruhig. Verdammt!

Beobachtet mich der Alte etwa jetzt schon? Die Chefsekretärin hinter ihrem Schreibtisch macht einen sehr, ... sehr wichtigen Eindruck. Was sie tut, ist unklar, aber irgendwas macht sie, was nicht mit Lärm verbunden ist. Zettelchen hier, Haken da, Blick zum Computer, Mausklick, Blick über den Brillenrand zu mir, Blick auf den Computer, Mausklick ... ... So geht das eine Weile und man fragt sich: "Junge, was hast du heute bloß wieder angestellt, dass dich der Alte so lange schmoren lässt?" ... Und man geht im Geiste all seine Tätigkeiten der letzten Tage durch ... und die Sekretärin blickt einen wieder über den Brillenrand hinweg an: "Sie können jetzt zu ihm reingehen!" ... Schluck!

Wenn man unterwegs ist, wartet man auch immer sehr viel. Zum Beispiel im Stau auf der Greifswalder Straße Der Moderator des Verkehrsfunks im Radio wird gerade in dem Augenblick zum "Freund", wo er vom Stau auf dem Spandauer Damm erzählt und allen anderen Verkehrsteilnehmern ein staufreies Wochenende wünscht.

Auch im öffentlichen Nahverkehr wartet man. Wobei man zu gewissen Tageszeiten, im Berufsverkehr das Wort "Nahverkehr", wörtlich nehmen muss: "Genießen sie das Leben in vollen Zügen!" .. wie wahr! Immer taucht dann auch Thimmy auf, entweder in Form des Rüden oder in Form des vierjährigen, der sich gerade dem Schraubzangengriff der Oma entwunden hat und dem nächstbesten Onkel am Bein klebt oder der die Kabine des S-Bahn-Zugführers entert. "Thimmy! Thimmy lass das!"
Man lauert wirklich nur noch auf die seichte Stimme der Stationsansage: "Nächste Station Prenzlauer Allee ... Ausstieg rechts!" ... Rechts? Aus welcher Sitzposition denn? Und wo zum Teufel ist der Bahnsteig? Der ist doch sonst immer links! ... Na gut, wer die Berliner S-Bahn kennt, der kennt auch Pendelverkehr ... und das ist nun wahrlich nichts Unanständiges, sondern hat eher mit Warten zu tun.

Auf Ämtern beginnt das Warten hingegen immer mit: "Ziehen sie eine Nummer!" Dramen tun sich dort einem auf. Ich will wirklich nicht wissen, mit wem Antje, die Freundin von Dietmar, letzte Nacht geschlafen hat. Solange Thimmy mir nicht seine feuchte Hundeschnauze ins Gemächt legt, ist mir auch Thimmy egal. Ich will nicht wirklich wissen, dass die Oma von Iris letzte Nacht wieder einen Anfall hatte, dass Detlef im Schlaf sabbert, dass das Auto von Udo tiefer gelegt wurde, dass Aishe momentan kein Kopftuch trägt und dass Petras Goldfisch Junge bekommen hat, aber es interessiert mich schon, wie Peggy und Marco der neue Hollywoodstreifen gefallen hat.

Da warte ich doch lieber in vollen Aufzügen, wenn Antjes Knackarsch mir ins Gemächt drückt und der sturzbetrunkene, miefende Paule Patzig in meinem Nacken seinen Hustenanfall bekommt.

Am liebsten aber warte ich auf Tina!
Tina kommt immer vierzehneinhalb Minuten zu spät! Man lauert auf Tina meist an irgend einer markanten Straßenecke. Dort läuft ein Mann mit seinem Rollator, da ist Thimmy mit seiner Oma, der BMW mit Münchner Nummer dreht schon die vierte Runde auf der Suche nach einem Parkplatz, Paule Patzig torkelt mit seinem Beutel voll leerer Bierflaschen zu "Kaiser's", Thimmy, der Schäferhund, drückt seine feuchte Nase in meinen Genitalbereich und niest dann mächtig ... "Keine Angst, der tut nix!", von den vorbei eilenden Studenten erfährt man, dass der Prof in Germanistik ... was? ... Was hat er?! ... Auf der anderen Straßenseite scheißt Thimmy, der Köter, mitten auf den Gehweg. Paule Patzig kommt mit einem vollen Beutel Bier aus Richtung "Kaiser's" direkt an mir vorbei und fragt mit einer Standarte, die mich drei Tage lang betrunken machen wird, nach etwas Kleingeld, denn sein Hamster hat die Masern.

Und gerade, als ich beginne, allmählich auf Tina wütend zu werden, als ich mir schwöre, nie wieder an irgendeiner Straßenecke auf sie zu warten, gerade dann kommt Tina um die nächste Ecke geschwebt, klimpert mit ihren Wimpern, plinkert mit ihren leuchtend blauen Augen, schüttelt ihre Lockenmähne, leckt sich über die roten Lippen, schiebt mir ihre Zunge bis an die Mandeln in den Hals, streichelt mich an den Stellen, an denen ich es so gern habe und fragt schließlich mit einem Engelsunschuldsblick: "Na? Hat sich das Warten nicht gelohnt?"

Da bekommt der Ausdruck "ziehen sie eine Nummer", doch gleich eine ganz neue Bedeutung.

**

Intermezzo
So, „habe fertig", könnte ich jetzt brüllen. Texte von N – Z in geordneter Reihenfolge.
Was nun kommt, ist weniger geordnet und zum Teil erst jetzt fertig gestellt oder gar geschrieben.

**

Betrachtungen über den Furz
am 21./28.10.09 / 23.5.10

Was müssen das für paradiesische Zustände gewesen, als es noch keine Autos ... und noch keine Kanalisation gab. Betrat der Bürger seine Stadt, quoll ihm schon die Gülle über die Stiefel. Und genauso roch es auch. Der damalige Mensch lebte vorzugsweise von Rüben, Kohl und weil es nichts anderes gab, Vollkornbrot und furzte entsprechend viel, was aber damals bei dem allgemein vorherrschenden Gestank nach „frischer Urinade" und Kot-Brocken aller Art, niemandem weiter auffiel.

Neulich stand ich mit meinem Fahrrad an einer Kreuzung und es grummelte in meinem Magen. Nun, so in freier Natur, dachte ich, ich könnte mal und ließ dann auch, ganz leise ...

Aber das Ding war hartnäckig und setzte sich gegen die Autoabgase durch, und eine nette junge Frau neben mir auf dem Gehweg sah mich entsetzt an, rümpfte die Nase und murmelte irgendwas über die Verwesung älterer, dickerer Herren auf Fahrrädern.

Warum gehen wir mit dem Furz heute so um? Selbst Dinosaurier taten es! Kühe und Elefanten tun es. Tun es Löwen? Ich weiß nicht! Aber ich weiß aus eigener Erfahrung, dass damals sogar unser kleiner Pudel es tat. Meistens dann, wenn die ganze Familie vor dem Fernseher saß und schlief und unsere kleine Bessy sich in meinem Schoß zusammengerollt hatte. Man hörte ihre Furze kaum ... aber man roch sie ... und sie stanken genauso stark, wie meine unterdrückten oder die von den Moschusochsen im Berliner Zoo.

Aber wir Menschen verbergen sie. Man weint nicht in der Öffentlichkeit, es sein denn, eine Live-Fernsehkamera von CNN ist auf einen gerichtet, man lacht nicht laut an der Bar in der vierten Etage im Adlon, man furzt nicht in der Öffentlichkeit.

Aber was, wenn es einen gerade da erwischt. Zum Beispiel hier auf der Bühne? .... Na gut, die Toilette ist nicht weit, also sagen wir der Schauspieler auf der Bühne der Staatsoper, gerade eine Arie von Mozart schmetternd ... und der müsste nun mal. Was tut der? Isst der tagelang vorher keine Bohnen-, Erbsen-, Linsen-, Sauerkrautsuppe und kein Vollkornbrot? Verzichtet der beim Kochen auf Zwiebeln und auf Saccharin und Natriumcyclamat oder gleich ganz auf Light-Produkte?

Als ich damals noch im Supermarkt arbeitete, verschwand ich halt dann mal für'ne Minute im Lager und flüchtete kurz von der Kasse. Was macht da ein Busfahrer? Werden die deshalb von Halbstarken geschlagen? Wie verhält sich ein

Pauker mitten im Unterricht oder die Kanzlerin beim
Staatsdiner mit der Queen?
Also, sein wir mal ehrlich und machen wir uns Luft!
Stürmische Winde sind schließlich eine ökologische
Energiequelle. Feuer frei!

***

Mit Liebe durch den Winter
am 31.Januar 2017 + 22. Oktober 2019

Komm, mein Liebchen, komm vorbei uns lass uns etwas
kuscheln
die Liebesschwüre werd' ich bei dir ganz sicher nicht
vermuscheln

Ich werd' dich halten bei den Händen
tief in die Aug' dir schauen
dir Kraft und weit're Liebe senden
auf die wir beide baun'

Du bist die Liebste auf der Erde
so zart, intelligent und herzelich
auf dass die Zeit sehr schön jetzt werde
ohn' uns da wär sie schmerzelich.

***

Jahresbeginn-Gedicht 2004
am 2.1.04

Hast keine Arbeit, keinen Job
Hey du gehörst wohl schon zum Mob?
In diesem Jahr wird alles gut
So Kanzler Schröder tröten tut

Und unser Wowereit, der Klaus
Ist voller Freude aus dem Haus
Dass alle wir jetzt sparen,
denn besser wird's in ein paar Jahren
man sieht's an seinen Haaren,

So wird 2004 auch netter
Und unsre Bäuche immer fetter!
Na Donnerwetter!

***

Dem Zeitgeist hinterher
am 12.1.2004

Ich rase hier im Dauerlauf
Und gäb' so gerne auch mal auf
Es ist, so hab' ich das Gefühl
Als wenn ich leb' in'nem Gewühl

Fast keinen Atem hab' ich mehr!
Das Leben, das ist wirklich schwer!
So hetz ich rechts, so hetz ich links…
Verdammt, wo hab ich denn mein Dings?

Was renn ich denn hier noch und noch?
Wo sich wohl bloß die Zeit verkroch?
Und bin ich endlich wieder oben,
hat sich die Welt erneut verschoben.
So hechelt man dem Zeitgeist munter
Mal oben auf, mal ist man drunter!

***

Oh, Margarita!
am 17.2.2oo4

Es war in Pittsburg … spät … des Nachts …
wir liebten uns die ganze Zeit!
Am nächsten Morgen
Da warst du fort… .

171

Doch ich liebte dich noch immer
... wo warst du nur ...? Oh-Margarita!

Es war das erste mal,
dass ich so liebte... .
wo warst du nur?

Ein paar Jahre später
... ich holte mir so einen schmutzigen Film ... aus der
Videothek ...
da sah ich plötzlich
... womit du dein Geld verdienst!
Oh-Margarita ... wo bist du nur?
Oh-Margarita ... ich lieb dich noch immer ...
Oh-Margarita!

***

Kurzes Hochzeitsgedicht
tatsächlich so auf einer Hochzeit gehalten am 11.4.2004

Eine Hochzeit
Die wird wahr
Wenn man sich sehr liebt
Beiden ist dann immer klar,
dass man sich viel gibt.

Freundschaft, Zuneigung, Vertrauen
Darauf lässt sich trefflich bauen!

Stimmt ein Hochlied an aufs Paar
Dass deren Wünsche werden wahr!

Ihre Liebe niemals endet
Und das Glück sich auch nie wendet!

***

Wir hatten
am 13.4.04

Wir hatten uns
Tiefe Liebe geschworen
Und ich dabei alles verloren.

Im Mai
Da war'n wir völlig high
Die Welt war für uns einerlei
Denn wir liebten, ... wir zwei!

Im Juni waren wir noch trunken
Weil wir in Liebe tief versunken.
Die ersten kleinen Differenzen
gab's im Juli, beim Faulenzen.
Der August knirschte schon sehr mächtig
Die Liebe war nur mittel-prächtig.

Das Aus im Herbst
Dich gab's nicht mehr.
Dein Abschied fiel mir wirklich schwer.

Wir hatten uns
Tiefe Liebe geschworen
Und ich dabei
Mich selbst verloren...

Nun, heut' steht mein Herzen
Wieder offen
Es will auf dich
Dort draußen
Hoffen!

***

An den OKB
am 1.6.04

Geliebter
Was wäre ich
Je ohne dich?
Du hieltest mich
In schlimmen Tagen...

Ich war dir immer treu!

Geliebter
Manchmal kuschelten wir...
Nie schrie ich dich an!

Wir verbrachten manche Nacht zusammen
... viele Abende ...
Feiertage, Sonntage ... unsere, vor allem meine ... Freizeit!

Geliebter
Das wollt ich dir schon immer sagen:
Danke … geliebter ....O.K.B.!

***

Schlechtwettergedicht
am 11.6.09 kurz vor Beginn der Crazy Words geschrieben

Die Sonne scheint so schön ins Herz
Und tötet meinen Wetterschmerz!
Das Wetter ist zwar schlecht heut' draußen
Und kalte Winde stürmen, brausen
Doch scheint die Sonne hier im Raum,
dann ist es wie ein Sommertraum!

***

Warum man vor der Königstadtbrauerei auf Paris Hilton, Michelle Hunziker und Katrin Bauerfeind vergeblich wartet
am 19./20./23.5.2010

Ich würde ja gerne mal auf einen Star treffen. Auf so einen richtigen, wie er immer im Fernsehen zu sehen ist, also nicht auf einen von RTL.

Es ist etwa zwei Jahre her, da habe ich einmal in einem Auftrags-Artikel über die Königstadtbrauerei berichtet. Ich war damals nicht mit Paris Hilton dort verabredet und wie erwartet, kam sie zu meiner Vor-Ort-Recherche auch nicht.

Letzten Monat hatte ich erneut diesen Auftrag. In den Prenzelberger Ansichten berichte ich ständig über die Kiezgeschichte und da dachte ich, ich bleibe bei meinem Beuteschema und verabrede mich deshalb nicht mit Michelle Hunziker, um ihr nebenbei zu erklären, dass ich ein würdiger Nachfolger für Thomas Gottschalk bei „Wetten dass ..." wäre.

Als jedoch kurz vor diesem nicht zu Stande gekommenen Treffen Katrin Bauerfeind in einer Talkshow erklärte, dass sie die Michelle nicht wirklich gut leiden kann, und weil ich nun wieder Katrin Bauerfeind wegen ihrer feinsinnigen Moderationen, Katrin muss ganz einfach „O. K.beat-geschädigt" sein, sehr, sehr mag, gedachte ich, mich nun halt mit Katrin Bauerfeind nicht zu verabreden. Natürlich kam auch sie nicht. Und da hat sie, wie ich glaube, so einiges verpasst.

Um nun eine angenehme Begleitung für die nächste Vor-Ort-Recherche zu haben, entschloss ich mich deshalb, beim ZDF anzurufen, um die „heute-nacht"-Moderatorin Kay-Sölve Richter nicht einzuladen.

Mein alter Kumpel Udo hielt mich aber davon ab.

„Was willst'n mit der? Die kennt doch kein Schwein!",
meckerte er. „Naja", gab ich kleinlaut zurück, „Mal dem
ZDF die große weite Welt zeigen. Die wissen doch auf
ihrem Lerchenberg gar nicht, was in der Hauptstadt so
wirklich los ist. Und da dachte ich, ... also die Kay-Sölve,
die lächelt doch immer so charmant."

„Mensch Rolfi!", gab Udo zurück, „Wenn du hier auffallen
willst, brauchste so'ne richtige Zicke! Wie wäre es denn mit
Jeanette Biedermann oder mit Nena? Die zickt doch nur!"

Ich schüttelte den Kopf: „Weißte, Zicken gibt's hier im
Prenzlauer Berg schon von hause aus genug, damit fällste
hier nicht auf. Da brauchste was braves, damit man
auffällt."

Udo grübelte. „Ich hab's!", lächelte er schließlich
triumphierend! „Du verabredest dich nicht mit Patricia
Schäfer! Die sieht geil aus, die hat Charakter, ..." „... und ist
wenigstens zwei Wochen im Monat in Berlin.", ergänzte ich.
„Du, die weiß, was hier los ist. Außerdem fällt die da nicht
auf, weil rund um den Kollwitzplatz und weiter bis zum
Alex, eh alle Frauen wie die Patricia aussehen. ... groß,
schlank, sportlich, blonde Mähne. Das bringt nichts."

„Dir kann man es einfach nicht recht machen", winkte Udo
ab. „Schreib doch mal'ne E-Mail oder einen Brief ans ZDF
und frage die, ob die nicht eine Idee für einen Star haben,
mit dem du dich nicht verabreden kannst."

Genau in diesem Moment lief eine Geschäftsfrau, die ich
kannte, an unserer Bank auf dem Helmholtzplatz vorbei.

„Die! Die frag ich!", platzte es aus mir heraus. „Die ist nett
und die kennt keiner! Mit der KANN ich mich zur
Recherche verabreden. Das fällt dann wirklich auf!"

***

Für die Jugendweihekarte ihrer Nichte suchte meine Ex gemeinsam mit mir ein passendes Gedicht im Internet. Das was wir fanden, gefiel uns nicht. Also hab ich mich auf zehn Minuten mit Stift und Papier in ihre Küche verzogen und hab ein ihr passendes geschrieben.

Jugendweihegedicht für Tessa
am 24.4.2018

Die Jugendweihe ist 'ne Zeit,
da reiht man sich in Einigkeit,
bei den Erwachsenen, Großen ein
und wird einer von ihnen sein.

Das Großartige daran ist jetzt,
dass Du 'nen großen Platz besetzt!
Die Kinderzeiten sind vorbei,
die Puppenstube einerlei.

Von nun an Sie-zen Dich die Lehrer
und wohl auch mancher Fernverehrer.
Die Zeit, die saust ab jetzt rasant
und Jungens werden interessant.

So wartet auf Dich ein neu' Leben,
durch das Du sicher wirst gut schweben!

***

Ich hatte schon immer einmal versuchen wollen, eine aufrührerische Rede auf einer Demo zu halten. Am 11.4.2014 bekam ich vor etwa zehntausend Leuten im Tiergarten an der Siegessäule Gelegenheit dazu.

Rede zur Demo am 11.4.2014

Wenn Dich in diesem Land etwas anstinkt, dann steh auf und ändere es, denn dieses feige Lumpenpack von CDU und FDP tut es für Dich nicht!

Du selbst musst aufstehen, denn für Dich tut es niemand!

Wenn wir ein Bedingungsloses Grundeinkommen haben wollen, müssen WIR dafür kämpfen!

Lasst euren Kumpel, eure Kumpeline, Euren Nachbarn nicht allein zu diesen diskriminierenden Gesprächen in die Jobcenter gehen!

Wir wollen das Bedingungslose Grundeinkommen!

Einkommen, ohne die Rechtfertigung, warum man noch immer nicht vierzig Stunden pro Woche bezahlt arbeitet!

Keine Rechtfertigung, warum man bei einer Vollzeitbeschäftigung noch immer so wenig verdient, dass man mit Hartz-IV aufstocken muss!

Keine Rechtfertigung, warum man lieber sechzig Stunden pro Woche unbezahlt und ehrenamtlich arbeitet!

Keine Rechtfertigung, warum man lieber dem hilfsbedürftigen Nachbarn hilft, anstatt in einer Bude zu arbeiten, die einen lausig dafür bezahlt, dass man zum Beispiel in Callcentern am Telefon anderen Menschen Dinge andreht, die nur erstunken und erlogen sind!

Wir wollen das Bedingungslose Grundeinkommen – bedingungslos!

Das ist die wahre Revolution!

Wir wollen das Bedingungslose Grundeinkommen bedingungslos!

Fakt ist, erfüllen die Jobcenter die von ihnen sich selbst gestellten Sanktionsquoten, bekommen die Leiter dieser Häuser einen jährlichen Bonus von ca. viertausend Euro.

Kein Wunder, dass da manch einer aufsteigen möchte, der in der freien Wirtschaft keine Chance auf beruflichen Aufstieg hätte.

Das ist mit diesen Sanktionen ja auch ganz einfach! Man gibt den ALG-II-Empfängern die sich wirklich nichts zu

Schulden kommen lassen, irgendwann mal Stellenausschreibungen, auf Jobs, die eigentlich untragbar sind.

Nein, das sind nicht nur Ausnahmefälle und nicht nur ein Jobcenter, sondern das ist das Menschenverachtende System, das hinter Hartz-IV steckt, an sich.

Hartz IV tötet Menschen! Durch Hartz IV ist die Suizidrate expotential angestiegen!

Wir wollen das Bedingungslose Grundeinkommen – bedingungslos!

***

tatsächlich gehaltene Laudatio
am 4.Mai 2015 in der Humboldt-Uni-Berlin – Saal 1072

Glückwunsch Fountainhead® Tanz Théâtre zum 30. Black International Cinema Berlin!(Fountainhead® Tanz Théâtre feiert zudem in diesem Jahr das 35. Jubiläum).

So etwas durchzuhalten, erfordert Kraft, gerade wenn es, so etwas kennt ja sicher jeder von uns von eigenen Projekten, auch immer mal in den Jahren Phasen gab, in denen es sicher nicht so ganz lief.

Seit zwanzig Jahren macht Ihr Fernsehen mit Eurer Sendung THE COLLEGIUM Forum & Television Program Berlin, ich mit der Sendung OKbeat mache seit zwanzig Jahren Hörfunk – mein Jubiläum feierten wir ja erst vor ein paar Tagen dort im Haus – bei Alex-Offener Kanal Berlin, und seit zwanzig Jahren arbeiten wir auch zusammen.

Danke Euch dafür.

Interessant ist, dass wir beide, ihr vom Fountainhead® Tanz Théâtre und ich, uns für eine bessere Welt engagieren, für mehr Demokratie, für die Einhaltung der Menschenrechte nach UN-Menschenrechtskonvention, für mehr Menschlichkeit im Umgang mit einander und wir für eine

179

gerechtere und tolerantere Gesellschaft einstehen.
Und auf dieser Basis funktioniert seit zwanzig Jahren unsere Zusammenarbeit, weil wir beide das Gleiche erreichen wollen.

Liebe Anwesenden, liebes Collegium, Euer 30-jähriges Jubiläum erinnert mich aber auch daran, dass ich heute fast auf den Tag genau vor dreißig Jahren meinen Grundwehrdienst in der Nationalen Volksarmee der DDR antreten musste.
Diese achtzehn Monate Wehrdienst haben mich damals nachhaltig verändert. War ich schon vorher ein Gegner von jeglicher Gewalt, so hat mich dieser Wehrdienst erst recht zum Pazifisten gemacht.
Wenn man Raketen über sich hinweg orgeln hört, wenn man sieht, was nur ein einziger Raketen-Einschlag im Gelände auslöst, wenn man plötzlich Herr über Leben und Tod anderer wird, wenn man gezwungen wird, die durchgeladene und entsicherte Waffe, mit dem Finger am Abzug, auf einen Vorgesetzten anzulegen, ist das ein absolut beschissenes Gefühl, das ich nie wieder erleben möchte.
… und wir haben damals, bis auf das Letztere, immer nur „Krieg gespielt"! …

Den tausenden Menschen, die vor realem Krieg in der Ukraine, im nahen Osten oder beispielsweise in Afrika oder in Mexiko fliehen, muss geholfen werden.
Wir dürfen keine Waffenexporte mehr zulassen, denn jede Waffe findet ihr Opfer, … wenn es nicht gerade das G36-Sturmgewehr der Bundeswehr ist …

Den Menschen, die über das Mittelmeer vor Krieg fliehen, muss geholfen werden!

Die Trauer und die Berichterstattung zum Flugzeugabsturz der German-Wings-Maschine vor einigen Wochen in den Französischen Alpen fand ich, bei aller berechtigten Trauer der Angehörigen, für absolut heuchlerisch und weit überzogen.

Da merkelte und gauckte es in einer Tour Krokodilstränen für einmalig hundertfünfzig Opfer, während jeden Tag hunderte Menschen im Mittelmeer elendig ersaufen, während jeden Tag durchschnittlich 17.000 Kinder weltweit verhungern und nochmals mindestens die doppelte Anzahl an Menschen jeden Tag durch Gewalteinwirkung sterben. Darüber müssten wir trauern!

Wenn man in einer fünf Minuten langen Nachrichtensendung drei Minuten lang über den 1.FC Bayern berichtet, anderthalb Minuten lang Angela Merkel Hände schüttelnd zeigt und dreißig Sekunden lang über die bösen Streikenden berichtet und gar nicht hinterfragt wird, warum, die streiken, nämlich um ihr Recht, ab morgen wenigstens keine schlechteren Arbeitsbedingungen mehr zu haben, als heute, so ist das eine ungerechte Berichterstattung.

Wenn bunte Boulevard-Blätter sich gegen Ausländer, Radfahrer, Streikende, Lehrer, Behinderte, Arbeitslose in Stellung bringen, um gegen diese aus vollen Federn zu schießen, so ist das eine unfaire Berichterstattung.

Sie verschweigt beispielsweise, dass es seit Einführung der Agenda 2010, seit Einführung der volkstümlich „Hartz IV"-Gesetze genannten Regelungen, sich schätzungsweise mindestens zehntausend Menschen wegen dieser Agenda 2010 das Leben genommen haben.

Wenn in sogenannten Nachrichtensendungen mit Jugendlichen als Zielgruppe die bevorstehende Geburt eines Prinzen in England, die Akne eines Justin Bieber oder der Hormonhaushalt von Britney Spears größere Aufmacher sind, als die üblen, ausbeuterischen Ausbildungspraktiken bei der Bio-Company, dann hat das überhaupt nichts mehr mit Journalismus zu tun.

Diese, gelinde gesagt, ungerechte Berichterstattung in den „großen" Medien zeigte aber auch wieder, wie wichtig kleine und unabhängige Medien sind. Wie wichtig für die Meinungsbildung sind doch die offenen Kanäle in Deutschland, wie Alex-Berlin!
Wie wichtig sind freie Radios, wie beispielsweise das Berliner Pi-Radio.
… oder unabhängige Zeitungen wie die Prenzlberger Ansichten …

Mit Unterstützung dieser freien Medien wäre sogar die Einführung eines sogenannten Bedingungslosen Grundeinkommens möglich.
Ein Einkommen, das es für jeden Menschen gibt … ein Einkommen, das jedem Menschen erst einmal die Grundexistenz sichert, indem es für Unterkunft, Energie und Nahrungsmittel sorgt.

Ein Grundeinkommen würde den Menschen von seinen Ur-Nöten, seinen Ur-Ängsten befreien!
Man brauchte sich nicht mehr vor irgendeinem Amt finanziell „nackig" zu machen!
Man brauchte nicht mehr jeden miesen, dreckigen, unterbezahlten Job anzunehmen, nur um die eigene Existenz zu sichern.

Miese Jobs wie beispielsweise in Callcentern, in denen man andere Menschen am Telefon über den Tisch ziehen muss, weil man ja den Druck hat, Provisionen zu verdienen, nur um selbst zu überleben.
Oder wenn eine Einzelhandelskette wie Norma es von ihren Mitarbeitern einfach erwartet, dass die täglich mindestens zwölf Stunden schuften, aber lediglich maximal acht davon, … und nur zum Mindestlohn … , bezahlt werden.

Oder wenn beispielsweise in Pflegeberufen die vorgegebenen Zeiten für einzelne Tätigkeiten so knapp berechnet sind, dass der Pflegende sich nie um den Menschen, sondern nur um das Ding kümmern kann.

Man brauchte sich nicht mehr für eine miese Bezahlung von jedem kleinen, arroganten Hans Wurst, nur weil er sich Chef nennt, runter putzen zu lassen.

Teile und Herrsche, ist ja das Prinzip in den meisten Buden, bis hin zu den Jobcentern, wo Menschen ohne soziale Kompetenz andere Menschen anweisen, unterweisen dürfen. Wer wie ich gesehen hat, was ein bisschen Macht mit den meisten Menschen macht, der verzichtet gern darauf, einen Boss über sich zu haben, der einem vorschreibt, wann man wie eine Ecke im Papier zu falten hat oder der einem erklärt, dass Schnee bei ihm immer rot ist.

Mit einem Bedingungslosen Grundeinkommen würde die Menschenwürde aufgewertet, würden ausnahmslos positive Kräfte in den Menschen frei werden, weil man nicht mehr um die Grundexistenz kämpfen muss, sondern weil man sich dann auf das konzentrieren kann, was einem Spaß macht, … ich beispielsweise auf noch mehr freie Hörfunksendungen, auf noch mehr interessante Menschen, die ich auf meinen Touren durch meinen Lieblingsstadtteil, den Prenzlauer Berg, führen kann.

Gäbe es ein weltweites Bedingungsloses Grundeinkommen, wären Verteilungskämpfe um Ressourcen, wären Kriege, gar nicht mehr nötig, weil jeder das bekommt, was er braucht … und niemand brauchte seine Heimat aus Angst vor dem eigenen Tod mehr zu verlassen.
Das Geld dazu ist übrigens da!
Man muss es nur anders verteilen. … von oben nach unten …

Seien wir positiv!

Wenn uns etwas die deutsche Geschichte vor einem viertel Jahrhundert gelehrt hat, dann dies: Revolutionen geschehen meist schneller, als man denkt!

Revolutionen geschehen, wenn die Masse der Menschen es will!

Wenn die Masse der Menschen revoltiert, bleibt es menschlich!

Ich stehe nachher gern noch für Diskussionen zur Verfügung!

In diesem Sinne, einen guten Abend!

***

Der Urmensch in uns
am 2.4.2019 + 4.8.20

Eigentlich sind wir noch immer Steinzeitmenschen. Wir gehen auf die Jagd, sammeln Nahrung, kümmern uns um unsere Sippe, pflegen ein paar angebaute Pflanzen und wenige Tiere.

Wie sähe unser heutiger Alltag übersetzt in eine Zeit vor etwa fünftausend Jahren aus?

Ja, da waren wir schon sesshaft, aber wir gingen noch immer auf die Jagd. Wir kannten das Feuer, vielleicht auch schon das Eisen und wir hatten eine Hand voll Nutztiere.

Ich lasse jetzt einfach mal meinen Morgen beginnen, an einem Apriltag in den undurchdringlichen Wäldern entlang der Spree, dreitausend vor Christi Geburt!

Ich wache auf und bin natürlich allein in meiner Wohnhöhle. Das Nachtlager ist noch feucht von meinem Schweiß. Die Reihenfolge der täglichen Morgenverrichtungen sieht wie folgt aus.

Zuerst gehe ich zu einer der beiden Trinkwasserquellen in meiner Höhle und verrichte meine Notdurft und mache mich frisch. Danach tausche ich die schwitzigen Klamotten von gestern und zwänge mich in saubere gewebte Stoffe und Felle. Anschließend werden die Karpfen in meinem Teich mit Futter versorgt, dann die Schneckenzucht und schließlich schaue ich noch nach meinen wenigen angebauten Pflanzen. Hiernach wasche ich in der Quelle meine Sachen vom Vortag und das Stroh im Nachtlager wird erneuert. Zum Schluss mache ich ein Feuer, esse ein wenig Getreide, Fleisch, Früchte und vergorene Milch und lasse meine Gedanken im Angesicht des Feuers schweifen.

Nun geht es los und von da an ist jeder Tag anders.
An einem Tag ist es so:
Ich nehme meine Jagdwaffen und umhülle mich mit weiteren Tuchen. Vor der Höhle steht mein treues Ross Hotte-Hüh. Auf ihm reite ich bis zu einer weiteren Höhle, wo ich mir weitere Jagdwaffen ausleihe und mich mit meinem Jagdgefährten Dirk treffe. In den folgenden sechs bis acht Stunden sind wir ein eingespieltes Jagdteam. Meist bin ich der Treiber und er erlegt die Beute, manchmal erlege ich aber die Beute auch nach meinem Treiben selbst. Dabei durchstreifen wir unser komplettes Jagdrevier mehrmals.
Nach diesem Jagdzug und der Abgabe der fremden Waffen, tausche ich einiges von dem Erjagten gegen Früchte, Fleisch, Getreide und vergorene Milch bevor ich mich wieder in meine Höhle zurück ziehe.

Die Abende sind auch alle ähnlich.
Manchmal mache ich mich mit meinem treuen Ross Hotte-Hüh noch auf den Weg, um ihm etwas zu fressen zu geben. Abends in meiner Höhle flicke ich Sachen und bringe meine Jagdausrüstung in Ordnung, mache mir ein Feuer an, esse dabei und lasse meine Gedanken schweifen, bevor ich mich auf meinem Nachtlager zur Ruhe begebe. Manchmal lasse ich dabei das Feuer auch noch etwas brennen.

Die Tage sind unterschiedlich. An einem anderen Tag bin ich bereits früh nach dem Aufstehen auf meinem Ross zu einem Mitglied meines eigenen Familienclans geritten, um mich bei ihr, sie ist Schamanin, gegen ein Zipperlein behandeln zu lassen. Anschließend ging es zurück in meine Wohnhöhle, wobei ich dieses mal Hotte-Hüh an einer anderen Stelle angepflockt habe, weil ich es eh gleich wieder brauche. Dann erst fahre ich mit meinen üblichen Morgenverrichtungen fort. Nach dem Frühstück geht es mit Hotte-Hüh aus meinem sonst üblichen Jagdrevier heraus in ein fremdes, das ich nicht erreichte, ohne weitere fremde Reviere zu durchqueren. Ich treffe mich hier mit einer alten Jagdgefährtin, die mittlerweile leider selbst zu einem fremden Clan gehört.

Bis zum Abend bin ich dann aber wieder zurück in meinem Revier und treffe mich mit Jägern anderer Gruppen, um Erfahrungen über die Jagd auszutauschen.

Es gibt aber auch Tage, an denen ich anderen Jägern mein Jagdrevier zeige und erläutere, wo Wasser ist, wo die besten Jagdgründe sind, oder welche Ecken man wegen anderer Horden besser meiden sollte.

Meine Jagdhütte ist dabei mein Heiligtum, in die ich kaum jemanden hinein lasse.

Das schöne an meinem Revier ist, dass es so viele unterschiedliche Nahrungsmittel gibt. Frisches Ur gibt es genauso wie frisches Schwein oder frisches Obst, vergorenes oder fermentiertes Getreide oder frische Früchte. Man kann aber bei mir auch die fertige Currywurst oder den Döner jagen.

Auf jeden Fall ist es angenehm, in mehreren Jagdtrupps zu sein und sich immer wieder anderen Gemeinschaften anschließen zu können.

***

Die Burg
als Gleichnis, wie es mir mit meiner Ex erging
am 11./16./28.12.2018 + 1.8.2020

Eigentlich hatte ich es mir als Burgherr gut eingerichtet.
Nach Jahrzehnten versteckt zwischen irgendwelchen
Erdwällen hatte ich es vor einigen Jahren tatsächlich doch
geschafft, auf dem Hügel, auf dem bisher meine Sanddünen
und Erdwälle waren, eine Burg zu errichten.
Es war eine schöne Burg. Sie war aus Feldsteinen errichtet,
war umgeben von einem tiefen Wassergraben, hatte eine
Zugbrücke, eine große Mauer mit vier Türmen an den vier
Ecken und zwei Türmen über dem Eingangsportal. Rechts
gab es den zweigeschossigen Burgfried, der alles überragte.
In ihm gab es einen Brunnen. Auch alle sechs Türme hatten
oben Plattformen. Im Inneren der Burg gab an der linken
Wand eine Schmiede, daneben hatte der Koch sein Reich
und es gab den großen Speisesaal mit Kino, Latrine, Billard
und Spielecomputer. An der linken oberen Ecke waren die
Kasematten und Unterkünfte für die Soldaten, die
Waffenkammer für die Handwaffen und daneben an der
hinteren Wand die Ställe für Rinder, Ziegen, Schweine und
die Schlachtrösser. In der rechten oberen Ecke war ein
kleiner Aufenthaltsraum. Das war der Bereitschaftsraum für
die Wache und für die, die in und rund um die Burg etwas
zu erledigen hatten. An der rechten Wand war dann die
Speisekammer. Es schloss sich rechts an die Wand der
Burgfried an, der auf halber Strecke zwischen den beiden
rechten Ecken stand. Der Burgfried hatte wie gesagt zwei
Etagen. In der unteren waren die Unterkünfte für die Mägde
und das Wirtschaftspersonal, die Küche und der Speiseraum
und ein Brunnen, alles in einem Raum mit nur spärlichen
Trennwänden zwischen den Lagern für das Gesinde. In der
oberen Etage, zu ihr führte eine hölzerne Leiter, war
gewissermaßen die letzte Abwehr eingerichtet. Es gab
Schießscharten im Boden, um nach unten schießen zu
können und Schießscharten an den Seiten. Es gab für den

Notfall Essensreserven, ein Wasserfass, in Buchten, wie unten, Notfallbetten, aber auch einen prunkvollen extra Raum für Gäste, der aber meistens verschlossen blieb, denn es wurden nur selten Gäste eingeladen. Über eine kleine steinerne Wendeltreppe erreichte man mein Gemach. Hier hatte ich alles, was ich brauchte. Es war da mein Bett, mein Stuhl und Tisch, meine Arbeitsecke mit Telefon, Fernseher, Computer, und Internetanschluss, also quasi mein Fenster zur Welt, es gab zwei Aquarien und ein Terrarium, und dann gab es nochmal eine schmale hölzerne Wendeltreppe, die auf ein Podest ganz nach oben führte. Zwischen den Zinnen für den Abwehrkampf war dort noch mein kleiner Garten mit einigen Kräutern, Wildblumen, dem Haselstrauch und dem Pfirsichbaum. In der Burg gab es ganz vorne an der Wand mit dem Tor weitere Gebäude. Die vier Ecktürme hatten je eine eiserne Kanone auf ihrer oberen Plattform und dort auch Zinnen für die Selbstverteidigung. Im Hof selbst gab es noch einen Ziehbrunnen … und, ich erinnere mich genau, zwischen dem linken vorderen Turm und der Schmiede gab es das Lazarett.

Ich hatte mir das Leben auf der Burg gut eingerichtet. Es lebte sich gut darin. Ein Großteil des Gesindes verließ jeden morgen über die Zugbrücke die Burg und arbeitete auf den umliegenden Feldern. Die Zugbrücke wurde nur wenn es notwendig war an ihren eisernen Ketten herunter gelassen. Sie bestand aus Eisenbahnschwellen ähnlichen Querbalken und wurden durch eiserne Längsbalken, an die die Glieder der Kette der Zugbrücke angeschweißt waren, gehalten.

Es bestand für mich nur selten die Notwendigkeit, meine Burg zu verlassen. Meist stand ich oben auf dem Burgfried und winkte anderen, vorbeiziehenden Heerscharen zu. Waren es sehr nette Menschen, die da an uns vorbei zogen, durften sie auch schon mal vor meiner Burg für eine oder mehr Nächte kampieren. Hin und wieder und recht selten, ließ ich sogar die Zugbrücke herab und die Fremden durften durch das Tor sogar in meine Burg hinein sehen. Wenn das geschah, kam ich sogar von meinem Burgfried herab und ging allein bis zum äußersten Rand meiner Zugbrücke und unterhielt mich mit den Fremden. Noch seltener und das kam nun wirklich nur einmal alle dutzend Jahre vor, lud ich den Fremde gar zum Essen zu mir in den Burgfried. Aber sie mussten ihre Truppen dennoch draußen vor meiner Burg lassen.

Ich selbst verließ meine Burg nur mit Gefolge und in voller Ritterrüstung. Mit diesem Gefolge durchstreifte ich dann, meist Nachts, im Dunkeln, die Umgebung meiner Burg. Und genau so selten, wie ich meine Burg verließ, genau so selten nahm ich die Einladung anderer Burgherren und -fräuleins ein, sie in ihrer Burg zu besuchen. Das war immer ein großer Vertrauensbeweis meinerseits denen gegenüber die mich eingeladen hatten.

In kriegerischer Absicht verließ ich meine Burg schon lange nicht mehr. Andauernde interne Familienfehden und lange Jahre der Fehden an verschiedensten Arbeitsplätzen hatten mich da mürbe gemacht. Ich konnte angreifen, wenn es notwendig war, das wusste ich, aber Kriege zermürben und so führte ich sie schon lange nicht mehr oder wenn dann nur noch vom Computer aus.

Aber immer häufiger machte ich meine Zugbrücke auf. Immer häufiger amüsierte ich mich mit den Menschen, die vor meiner Burg rasteten. Und es wurden immer mehr und es wurde immer schöner und ich begann sogar gelegentlich freundliche Angebote anderer anzunehmen und mit meinem Gefolge in deren Burgen zu gastieren. Dabei achtete ich aber immer streng darauf, dass dann wenigstens meine eigene Burg geschützt war, Zugbrücke hoch, alle auf ihren Posten, aber ich mit Gefolge in fremdem Land und immer wenn wir eingeladen wurden, wurden wir auch freundlich empfangen.

Und dann tauchte eines Tages SIE auf. Ich war mir sicher, sie würde freundlich sein. Und so ließ ich sie mit ihren Truppen in meine Burg hinein. Und das war in den ersten Tagen eine Freude und ein glückliches Beisammensein, so dass ich beschloss, für Sie meine Burg für immer geöffnet zu haben, sogar meinen Burgfried zu öffnen und ihr zu ihrer Burg zu folgen.

Während ich also meine Burg geöffnet ließ und nur ein paar Mann zur Bewachung zurück ließ, folgte ich ihr. Es war doch ein Stück Weg, ich fühlte mich sicher und erst einmal sah alles noch recht freundlich aus. Bei ihrer Burg war auch augenscheinlich alles in Ordnung. Eine ihrer Zugbrücken war herunter und alle Menschen die uns begegneten waren nett, freundlich und lächelten uns zu.

Aber als wir die Zugbrücke überquert hatten, geschah plötzlich etwas Unerwartetes, denn wir standen vor einem zweiten Wall. Viel höher als der erste. Und wie wir noch überlegten, was das sei, wurde die Zugbrücke hinter uns plötzlich hoch gezogen und ich saß mit meinen Leuten in der Falle. Aber diese Falle sahen wir noch nicht. Die Tür eines Pförtnerhäuschens wurde plötzlich geöffnet und wir wurden, jeder einzelne, nach seinen Fähigkeiten befragt.

Eine weitere, nun kleinere Tür öffnete sich und ich mit meinen Leuten wurde auf einen weiteren Hof geführt. Pferde und Waffen nahm man uns aber vorsorglich ab. Hier saßen viele Einsame, Bettler, aber vor allem Beutel- und Halsabschneider. Aber die sah ich nicht, sondern ich schaute nach oben und sah den goldenen Palast und wie sie darin herum schwebte. Nun gut, dachte ich, dann machst du erstmal alles was sie will und irgendwann wird sich mich auch in ihren Palast hinein lassen, denn ich hab ihr ja auch meine Burg überlassen. Und so ließ ich mich freiwillig in Ketten schmieden, übergab ihr meine Vorräte und Reserven, alle meine Waffen und Pferde, arbeitete unter Qualen für sie und dachte, eines Tages würde sie mich schon noch in ihren Palast holen.

Das geschah aber nicht. „Du musst noch das und das machen!", wurde ich vertröstet, „Dann bekommst du auch ein schönes Stück Kuchen, aber zu mir in meinen Palast darfst du noch lange nicht. Tu erstmals was für dich hier unten und komm mal aus deinem Erdloch heraus!", sagte sie mir immer wieder, während mich ihre Schergen weiter in den Dreck stießen.

Es dauerte Monate, bis ich Begriff, dass ich niemals zu ihr in den Palast gelangen würde.

In der Zwischenzeit hatten sich Freunde von mir gesorgt und sich gefragt, wohin ich verschwunden sei und sich auf den Weg gemacht, mich zu suchen. Ein Späher von ihnen fand mich schließlich, nachdem er Hinweise auf meinen Verbleib in meiner Burg gefunden hatte. Ich saß umringt von den letzten paar eigenen Getreuen im zweiten von mindestens vier Innenhöfen, in Lumpen gehüllt im Dreck. Meine Freunde handelten. Nachts knüpften sie heimlich eine Strickleiter und holten mich und meine letzten paar Leute heraus. Wir flüchteten in einen nahen Wald, wo uns die Freunde in die Freiheit entließen. Leider waren wir noch immer in unseren Ketten gefangen und Waffen hatten unsere Freunde uns auch nicht geben können, aber zumindest waren wir frei.

Wir machten uns zu Fuß auf den Heimweg, denn unsere Pferde hatte man nicht auch noch retten können. Unsere Fesseln klirrten laut und machten einen Heidenlärm und so wurden wir bald von ihren Leuten wieder eingeholt, denn wir sollten zurück gebracht werden. Hin und wieder gelang es ihnen auch, einen von uns zu töten oder zu sich zurück zu holen oder so schwer zu verletzen, dass er von uns anderen mitgeschleift werden musste.

Sie trieben uns immer wieder und immer weiter in die Sümpfe und zeterten: „Wenn ihr euch immer in den Sümpfen aufhaltet, werdet ihr niemals voran kommen." Sie trieben uns in den Treibsand und sangen: „Wenn ihr freiwillig im Treibsand steckt werdet ihr untergehen. Also geht gefälligst unter!" Sie trieben uns in eine wasserlose Wüste und lockten: „Wenn ihr weiter in der Wüste bleibt, werdet ihr niemals Wasser bekommen, aber seht, dort ist Treibsand und dahinter ein Sumpf, auch dort werdet ihr kein Trinkwasser finden! ... und bei uns schon gar nicht, also geht weiter hinein in die Wüste!"

Wir wehrten uns so gut es ging mit unseren nackten Fäusten, wir warfen Feldsteine und piksten mit dürren Hasel- und Weidenzweigen. Feldsteine und Ruten hatte uns eine Kriegerin mitgegeben, die wir an einem Berg gleich im Wald hinter ihrem Palast auf unserer Flucht kennen gelernt hatten.

An einem Bärenzwinger schließlich nahm uns eine Schmiedin, die wir dort kennen lernten, unsere Ketten ab und sagte, wir seien frei. Aber das waren wir auch da noch nicht.

Immer wieder, wenn wir uns gegen unsere Gefangennahme durch Sie wehrten, wenn wir mit Stöcken, Steinen und bloßen Fäusten uns gegen Hellebarde, Säbel, Schwerter, Pistolen, Gewehre und Kanonen wehrten, wurde uns von ihr gesagt: „Seid gefälligst nicht so aggressiv und tut mal was für euch! Lasst euch bei uns in Ruhe einsperren und wenn ihr bei uns sterbt, seid ihr schließlich auch frei."

Ich gebe zu, mehrmals war ich kurz davor, aufzugeben. Aber immer wieder, vor allem aber dann, wenn ich wirklich aufgeben wollte, standen die Abgesandten von Freunden am Wegesrand und gaben uns neuen Mut und auch die Schmiedin und die Kriegerin unterstützten uns weiterhin wo sie nur konnten.

Nach einer ganzen Weile erst, kamen wir zu unserer Burg oder besser zu dem, was davon noch übrig war. Es waren kaum mehr, als ein paar Erdwälle und vor sich hin kohlende und schwelende Mauerreste. Meine einst zurück gelassenen Leute waren in alle Himmelsrichtungen verstreut und ich fühlte mich einsam und verlassen. Es gab keine Nahrung mehr, es gab keinen Schutz, es gab nur noch Trümmer und Ruinen. Da sagten die Schmiedin und die Kriegerin: „Wenn ihr Hunger habt, geht doch erst einmal in den Wald und auf die umliegenden Felder. Vielleicht findet ihr ja da noch ein paar Reste und vielleicht finden sich da auch noch ein paar Truppen von dir. Versuch es!"

Und so gingen wir tagsüber über die Felder und stolperten durch den Wald. Es war erstaunlich, nur aus einigem Abstand sah meine Burg komplett zerstört aus. Als ich mich ihr eines Tages erneut näherte, erkannte ich, dass noch einiges stand. Vorsichtig hangelte ich mich über die zerstörte Zugbrücke und gelangte über das offene Tor in den Innenhof.

Der Bereitschaftsraum in der hinteren rechten Ecke schien noch am wenigsten zerstört. Die Kriegerin war mir wohl gefolgt und wie ich noch in der in ihren Angeln nur lose hängenden Tür des kleinen Gebäudes stand, sprach sie mich an und übergab mir eine Lanze mit den Worten: „Damit du dich wenigstens hier endlich wieder ein wenig sicher fühlen kannst. Und ich bleibe in Bereitschaft, auch über die Feiertage hinweg. Sende mir im Notfall einen Boten und ich bin da." Vorsichtig betrat ich nun den Raum. Viel war ja nicht mehr da. Aber da gab es zumindest noch einen Schemel und ein Bett mit einer Strohmatratze und einen Tisch. Und wie ich noch schaute, sprach mich plötzlich jemand weiteres an und eine ganze Truppe von Menschen sagte. „Wir sind deine Freunde. Hier hast du Nahrung für die nächsten Tage, etwas Kleidung auch und wenn du dich von den Strapazen der Flucht etwas erholt hast, helfen wir dir auch beim Wiederaufbau deiner Burg." Das rührte mich sehr und ich weinte bitterlich, aber vor Freude. Und ich begann, wenigstens erst einmal wieder die nötigsten Dinge in dieser Hütte wiederherzustellen. Das Dach, Fenster und Türen waren halb kaputt und so schob ich das Bett in eine andere Ecke, packte die Geschenke meiner Freunde aus und am nächsten Morgen, einem trüben Tag mit Schneeregen, traute ich mich sogar, vor einer vereinbarten Verabredung mit der Schmiedin, ein Feuerchen in der Hütte zu machen. Endlich kehrte ein wenig Ruhe in mir ein.

Gemeinsam mit der Schmiedin traute ich mich nun, meine Burg etwas genauer zu inspizieren. Der Burgfried war total abgetragen. Die beiden Brunnen, der eine im Hof, der andere im ehemaligen Burgfried, waren zerstört, aber nicht irreparabel. Von den vier Ecktürmen stand nur noch einer und auch dieser war sehr demoliert. Es gab in der ganzen Burg, außer meiner Lanze, keine Waffe mehr, die nicht kaputt war. Die Speisekammer war geplündert. Auf dem Hof lag im schlammigen Sand nur noch Unrat. Auch die Türme über dem Eingang waren zerstört. Nur Hand in Hand mit der Schmiedin traute ich mich nochmals über die kaputte Zugbrücke hinaus.

Sie riet mir, meine Burg auch von außen genauer zu betrachten. Ich stellte Fest, von vorn war sah die Burg nun doch weniger zerstört aus, als von den drei anderen Seiten. Durch das offene Tor konnte man aus einem gewissen Winkel sogar das anheimelnde Feuer in meiner halb zerstörten Hütte sehen. Wir gingen wieder zurück und gemeinsam zu dem noch halb zerstörten Turm an der linken Seite und schauten dort hinein. Es war dunkel und man konnte kein Licht sehen. Nur ganz oben, dort wo sich einmal die Luke zum oberen Podest befunden haben musste, sah man einen grauen Schein.

Gemeinsam gingen wir einmal im Hof herum und die Schmiedin entließ mich mit der Aufgabe, bis zu unserem nächsten Termin zu schauen, was es noch an eigenen Truppenteilen gab, wenn ja, sollte ich mir überlegen, wie ich sie aus den umliegenden Wäldern heraus holen könne und ansonsten wollten wir mal schauen, was wir bei unserem nächsten Termin noch alles in der Burg fänden.

Ein paar Tage gingen ins Land. Ich begann ein wenig in der Burg aufzuräumen. Also zumindest schippte ich einiges an Unrat in eine Ecke. Das Dach meiner Hütte flickte ich noch nicht, denn dazu fehlte mir das Material. Aber eine gute Freundin, die für den König arbeitete, kam vorbei und brachte mir mit ihren Leuten ein wenig Stroh und trockenes Feuerholz für meine Hütte und auch etwas Moos, um die Ritzen in den Wänden meiner Hütte abzudichten.

Leider war aber noch immer das Tor zu meiner Burg weit geöffnet und so kam es, dass an einem nebligen Tag, als ich gerade darüber nachdachte, dass es mit Ihr auch schöne Momente gegeben habe, es plötzlich vor der Burg zürnte und wütete und ihre Leute plötzlich von allen Seiten in die Burg eindrangen. Sie wüteten nur kurz, aber gründlich und drohten, wieder zu kommen, wenn ich ihre Forderung nach Herausgabe meiner letzten Mittel und Schätze nicht nachkäme.

Am Tag danach traf ich wie verabredet wieder auf meine Schmiedin und berichtete ihr von diesem Vorfall. Sofort begann eine erneute Begehung der Burg. Dabei machte sie mich auf eine etwas versteckte Bodenluke aufmerksam, die unter einigen Trümmern verborgen lag. Gemeinsam öffneten wir die Tür, zündeten eine Fackel und gingen hinab. Der Gang führte zum Fundament der Burg. Beim ausleuchten stellten wir fest, dass das Fundament noch erstaunlich intakt war. Wir gelangten durch diesen Gang auch zu einem hell erleuchteten Raum, der direkt unter dem Burgfried liegen musste. Es war ein Labor, in dem alles Mögliche erfunden werden konnte. Leider war aber der direkte Zugang zum darüber liegenden Burgfried geschlossen. Die Luke nach oben klemmte. Aber ich wusste nun, dass da noch Kreativität und Erfindungsreichtum vorhanden waren. Ich musste nur die Zugänge dafür wieder frei räumen.

Wir verließen die unteren Räume wieder und gingen nach oben und die Schmiedin verließ mich.

Im Wald lauerten noch immer Ihre Truppen, bereit, meine Burg erneut zu plündern, während meine eigenen Truppen weiterhin verschollen, tot oder verletzt waren. Einer Reisenden von einer befreundeten Burg, der einen kleinen Abstecher zu mir gemacht hatte, um nach mir zu schauen, berichtete ich von meinem Dilemma. Kurze Zeit später erschien sie, nun in Begleitung eigener Soldaten und mit dem Befehl, mir im Notfall zu helfen. Ich nahm dieses Angebot sehr gerne an. Die Freunde bezogen an den kaputten Schwachstellen meiner Burg ihre Posten.

Einige Tage später war Weihnachten. Der heilige Abend war sehr tragisch, denn von den geplanten Freunden ließ sich niemand bei uns sehen, und im Wald lauerte nach wie vor Sie, und ich wusste nicht, war es nur ein Belauern oder bereitete sie einen neuen Angriff vor.

Am ersten Feiertag dagegen ein gänzlich anderes Bild. Freunde tauchten auf. Und sie waren so nett und lieb und freundlich, außerdem besetzen ihre Truppen das nächstgelegene Umland, dass ich gar nicht anders konnte, als meine gerade reparierte Zugbrücke herab zu lassen und meine Burg allem um mich her zu öffnen. Das war ein Herzen und eine Freude, wie seit mehr als einem Jahr nicht mehr. Und ich fühlte mich zum ersten mal seit langem mal wieder richtig wohl. Drei Tage lang ein richtiges Fest bis weit nach Weihnachten!

Und darunter mischte sich schon auch mal der eine oder andere eigene Soldat, der bisher im Wald verborgen war. Es waren noch sehr wenige und die meisten von ihnen waren noch schwer verletzt. Aber immerhin, es gab sie noch, die eigenen Soldaten, wenngleich man auch von einer richtigen Truppe bisher bei weitem nicht reden konnte.

Gute Freunde zu haben, die mich und meine Burg in entscheidenden Augenblicken schützten, war in den Wochen danach überlebensnotwendig. Indes, kaum war ein halbes Jahr vergangen, da stand meine Burg und meine eigene Verteidigung wieder, wie vor den Vorfällen mit Ihr. Ein weiteres halbes Jahr später hätte ich nicht einmal mehr die Schmiedin gebraucht, da sie aber vom König bezahlt wurde, beschloss ich, sie in vorerst, für den Notfall, in meinen Diensten zu belassen.

Ich baute meine Burg weiter aus, vor allem die Fundamente. Als die Pest im Lande Einzug hielt und niemand mehr fremde Burgen besuchen durfte, war meine Burg sogar für diesen Fall gerüstet. Im Sommer desselben Jahres tauchten plötzlich Truppen von ihr unerwartet wieder auf meinen Ländereien und vor meiner Burg auf und Sie lockte wie damals mit den Worten: „Sieh doch, wir hatten doch ein schönes Leben auf meiner Burg. Hast du nicht endlich eingesehen, dass du in der Wüste verhungerst, im Wasser ertrinkst und im Moor untergehst? Bei mir bekommst du doch Wasser und Nahrung."

Ich aber tat das, was ich schon beim ersten mal hätte tun sollen: ich ignorierte sie und ihre Truppen. Ich griff sie nicht an, ich lud sie nicht zu mir ein und ich folgte ihr nicht.
Meine Burg steht wieder offen für freundliche und liebe Menschen und ich lade sogar einige von ihnen zu mir auf den Burgfried ein. Ich bin wieder offen.

***

Bäuerlein, Bäuerlein ...
Nach einer Erinnerung an uralte, schon längst nicht mehr existierende Schellackplatte
erste zwei Zeilen am 26.1.07 – Rest am 31.8. + 4.8.2020
Hab das Stück am 4.8.2020 als Musikstück sogar bei YouTube wieder entdeckt.

Bäuerlein, Bäuerlein tick, tick tack
Arbeit' hart und macht nicht schlapp.
Hände wollen gar nicht ruhn,
denn es ist zu viel zu tun.

***

Denkanstoß
am 14.8.2006

Wer über Kopftuch tragende Musliminnen meckert, sollte
daran denken, dass erst vor fünfzig Jahren auch eine
„anständige Frau der westlichen Welt" in der Öffentlichkeit
noch ihr Haar (mit Hütchen oder zumindest Kopftuch)
bedeckte! Auch nach dem Krieg, als es so weiter nichts gab!
Die britische Queen trägt noch heute deshalb Hut, denn sie
ist eine anständige Frau ... soll man glauben!

***

Holz
27.6.2011

Bin ich mal so richtig geil
nehm ich mir mein Hackebeil.
Wander pfeifend in den Garten,
wo die dicken Klötzer warten.

Hack dann Holz doch besser nicht,
weil ich nicht darauf erpicht.
Und denk mir mit trübem Sinn:
„Ist ja doch kein Frauchen drin."

***

Frühstück auf der Bude – oder - Monolog eines Frühstücksuchenden

im Mai 1986 geschrieben, veröffentlicht in meinem Buch „Still gestanden! Die Augen links! - Mein geheimes NVA-Tagebuch" bei BoD 2019

„Gib doch mal das Salz rüber ... äh ... ich meine den Zucker! ... Nee, die Marmelade steht doch da drüben! ... Was soll ich denn mit dem rohen Ei? Die Wurst wollte ich doch! ... Sieht aber schlimm aus, der Käse, nicht? Fast wie der Kaffee hier, nur nicht so edelpilziglich.

Na, nimm die Butter mal lieber wieder zurück, die schmeckt sowieso nur nach Margarine.

Was wollte ich denn nun? Ach ja, Brot! ... Was, das schimmelt unterm Bett?! Ich dachte, da fault der Kaviar leise vor sich hin! ... Na gut, leise ist das Fleisch auch nicht mehr ... die Obstfliegen machen'n ganz schönen Krach! ... und der Fisch lebt schon wieder! Puh, diese Maden!

Was? Ach so, die Ameisen haben sich nur an den Erdnüssen verbissen, sind also keine Obstfliegen; die sind ja nun wieder hinter dem Schrank bei den Äpfeln!

Was hast'n da jetzt runterfallen lassen? Der schöne Honig mitten in die Bratkartoffeln von gestern. Na, dann gibt's morgen zum Mittag Sweet-Pommes.

Also, weißt du, ich lass das jetzt mit dem Frühstück. Ich hab schon jetzt die Schnauze voll von den angefaulten Komplekte-Keksen.

Unterschrift: Rolfs Schrank!"

„Komplekte" waren Kekse aus der Notration. Die hielten mindestens zehn Jahre und wurden immer mehr im Mund.

***

Ist die Bäuerin besoffen,
ist der Bauer arg betroffen.

Ick gloob
am 15.5. + 7.8.2020

Ick gloobe fast, ick liebe dir,
so wie det Schmalz 'ne Stulle
Ich mag dir wie die Kuh den Stier,
oder vom Rind der Bulle.

Ick gloobe fast, du magst ma ooch
det wär' doch echt possierlich,
wir stehen beede uff'm Schlooch,
du bist so süß und zierlich

Ick gloobe, du det könnte jehn
wir und ville Kinder.
Det wir zwee uff 'n 'nander stehn
det sieht ja selbst 'n Blinder.

Ick gloobe, det du mir ooch willst,
wir müssten 's ma versuchen,
Ick küsse dir, da wo de willst,
und du, du bäckst uns Kuchen.

Ein Bild des ersten Teilstückes des Gedichts ist als Bild am Ende des Buches.

***

Mirco tot
am 28.1.2011

Das Gedicht entstand aus dem Aufmacher des Berliner Kuriers vom 28.1.2011 – die Zeile „Mirco tot, Deutschland weint" hatte was von einem Rap. Und so tragisch das Ereignis an sich war, fand ich diese Headline faszinierend.

Mirco tot, Deutschland weint,
Gysy rot, nicht verneint.

BILD gekauft, blöde Sau,
icke schnauf und mach Radau

Straße schwankt, Bier jekotzt
icke krank, wohl verrotzt

Tina schön! Süßes Weib!
Gelber Fön = Zeitvertreib.

Ilse isst giftges Ei
Vergisst dabei Regiererei

Icke denk: fertig hier,
gern geschenkt, Reime dir.

***

Ein paar Leute und ich haben an Halloween eine gemeinsame Radiosendung gemacht. Es fehlte noch ein Text zum Kürbis. Also hab ich mich kurz hingesetzt ... ...

Kürbisgedicht
am 1.11.2001

Der Kürbis, rund und wohlgeformt,
das Fleisch schön gelb und saftig,
von der E.U. Wohl kaum genormt,
den isst man selten hastig.

Sitzt er auf Kinderköpfen rund,
die Kinder woll'n uns necken,
dann ist er meistens auch noch bunt,
wir Alten soll'n erschrecken.

Und kommt der Festtag Halloween,
wo Geister ausgetrieben,
die Kiddy's durch die Straßen ziehn,
so hat man es beschrieben.

Gar manchem munden, wohl sogar,
vom Kürbisse die Kerne.
Sie sind gesund auch bei Katarr
drum isst man sie so gerne.

Der Kürbis ist meist rund, nicht krumm,
sieht man in Nacht von ferne,
dann steht er wohl als Windlicht rum
und oft auch als Laterne.

Auch liebt man ihn als Bowle sehr,
im Ganzen und in Stücken
jedoch ist Kürbisbowle schwer.
Man trinkt sie mit Entzücken.

Schön eingemacht, so als Kompott,
mit Zimt und etwas Nelken,
macht er die Lebensgeister flott,
so dass man nie wird welken.

Oh Kürbislein, wir lieben dich,
im Ganzen, wie in Teilen,
nur du bis wohlfeil, so wie ich,
ich werd' bei dir verweilen.

***

Der Bauer seine Rüben zählt,
wenn ihn von fern der Banker quält.

Drittes Berliner Gedicht
am 15.9.2001

Icke, dette, kieke mal
der Berliner der is helle,
is det Leben och 'ne Qual
frisst man Bockwurscht doch mit Pelle.

Muckefuck und ooch 'n Korn
trinkst de in'ne Stampe
und vom Bier trinkst de von vorn
'n Hellet und 'ne Mampe

'Ne Jurke jibs im Hungerturm
und mit Schmalz'ne Bemme.
Du musst jetz nich nach Hause jehn,
weil ick sonst hier flenne.

***

Solche Dinger wie die drei Folgenden, die ich jetzt nur für dieses Buch hier neu schreibe, hab ich im Unterricht der 9. und 10. Klasse immer dann geschrieben, wenn mich der Lehrstoff langweilte.

Sergeant Pepper und die Maske
am 8.8.2020

Er war dem Mörder schon seit Stunden auf den Fersen. Überall hatte Sgt. Pepper bereits die frischen Handabdrücke gesehen. Diese weiße Hand im schwarzen Käse hatte offenbar überall ihre Finger im Spiel, sei es in der Meierei um die Ecke, im Kuhstall des Bauern Grams oder in der Mocca-Milch-Eisbar. Der Sgt. atmete schwer. „Ich hab doch nur noch eine Frage an sie!", rief er in Inspektor Colombo-Manier dem Enteilenden nach.

Der Angerufene blieb nun stehen und rang selber nach Luft. „Sie können aber auch verdammt hartnäckig sein, Sergeant! Das letzte mal, dass ich sie gesehen habe, ist mehr als vierzig, fast fünfundvierzig Jahre her! Eine gute Kondition haben sie noch für ihr Alter.", schrie der Fremde. „Was wollen sie eigentlich noch von mir, Sergeant?". Pepper schloss endlich zu ihm auf und als sie sich gegenüberstanden fragte er: „Ich wollte sie schon immer einmal fragen, wie sie diesen schwarzen Käse machen." Der Fremde nahm seine Corona-Maske ab. „Da ist kein Geheimnis bei. Ich drücke den Quark und die Milch immer nur durch meine Atemmaske. Die Maske bleibt dadurch länger frisch und feucht und mein Käse bekommt diese interessante Farbe. Mehr ist es nicht.", sagte der Fremde und schob nach: „Wollen sie die Maske mal probieren?".
Sgt. Pepper willigte ein.

Genau in dem Moment, als er die Maske aufsetzte, bekam er kaum noch Luft.

Triefend nass vor Angst, dass er nun gleich ersticken müsse, erwachte Sgt. Pepper in seinem Bett. Oh, je, dachte er und besah sich sein Kopfkissen. Da hatte er doch tatsächlich wieder einmal auf dem Bauch gelegen und zum Schluss seines Traumes wohl deshalb so nach Luft gerungen, weil sein Gesicht auf dem Kopfkissen lag und er daran fast erstickt wäre.

***

Sergeant Pepper und das Kamel
am 14.8.2020

Hoch wogten die Wogen der Sanddünen der Sahara. Sgt. Pepper hatte schlicht Durst. Vor ihm flüchtete schon seit Tagen der einarmige Geiger mit seiner Braut Tantütü, um sich seiner Festnahme zu verweigern. Der einarmige Geiger hatte aus dem Hahn-Meitner-Institut doch tatsächlich einen

Geigerzähler geklaut und wollte mit dem jetzt über die Grenze nach Sibirasien. Der Sgt. wusste nicht, ob er vor sich eine Fata oder Mutter Morgana sah, so sehr dürstete es den Angestellten von Scotland Yard mittlerweile, … nicht nur nach Rache, sonder vor allem nach einem Gläschen Prickelwasser. Dabei wurde ihm immer übler auf dem Kamel, auf dem er ritt. Sie werden nicht umsonst auch „Wüstenschiffe" genannt, diese vierbeinigen Wesen, denn da sie im Passgang laufen, schaukeln sie wie eine Pinasse im Sturm auf der See.

Jetzt sah Sgt. Pepper den einarmigen Geiger in einer Oase verschwinden und er selbst roch bereits den wohltuenden Duft nach frischem Leitungswasser, Eiswürfeln und irischem Whiskey. Er gab seinem Kamel die Sporen, wodurch dies zwar in seinem Lauf schneller wurde, es aber auf dem Rücken des Tieres noch mehr schaukelte.

Da! Da sah er das Glas mit seinem Getränk. Er streckte seine Hand aus, um danach zu greifen, aber genau in diesem Moment fiel er vom Rücken seines Reittiers.

Als Sergeant Pepper erwachte, fand er sich auf dem Boden vor seinem Nachtschrank wieder, auf dem noch immer sein abendlicher Drink bernsteinfarben, leicht wabernd in einem Glas auf ihn wartete. Oh, verflucht, dachte er sich. Wie konnte seine Freundin Antje nur auf die Idee mit dem Wasserbett gekommen sein. Beim Sex war es anstrengender, weil man ständig gegen die Eigenbewegung des Wassers anzukämpfen hatte und wenn man schlief, schaukelte es nicht einfach nur leicht, wie ein Paddelboot im Schilf, sondern es wogte unberechenbar wie der Ozean im Sturm, sowie sich der Partner im Schlaf etwas bewegte. Und das war es vermutlich, was den Sergeant wohl soeben im Traum seekrank hatte werden lassen und aus dem Bett geworfen hatte.

**

205

Sergeant Pepper hat Heuschnupfen
am 14.8.2020

Da war er wieder, dieser Druck auf seiner Brust. Erneut kitzelte etwas in seiner Nase und der Sergeant musste niesen.

Waren es die Weidenkätzchen vor dem Haus, die Birkenzweige in der Vase auf seinem Nachtschrank oder die Pappeln auf der anderen Seite der Straße?

Wieder dieser Druck auf seiner Brust und er roch schlechten Atem. Tina putzte sich ihre Jacketkronen doch sonst immer mit Veilchenduft-ACME*-Zahncreme. Dass sie plötzlich nach Fisch roch, verwunderte ihn.

Erneut der Druck auf seiner Brust, ein Kitzeln in der Nase, so dass Sgt. Pepper mehrmals heftig niesen musste und auf einmal befand er sich auf einem Diwan liegend, während ihm zwei ebenholzschwarze Schönheiten mit Palmwedeln umfächelten. Er spürte den Luftzug auf einer seiner Hände ganz deutlich. Wieder kitzelte es im in der Nase, so dass er niesen musste, während gleichzeitig das samtweiche Seidengewand einer Konkubine über sein Gesicht fuhr. Er wollte sie schon bitten, ihm sein ACME-Nasenspray zu geben, als sich ihre feuerroten Fingernägel in seine Brust bohrten. Oh, was hatte dieses kleine Luder jetzt wieder vor, ging es ihm durch den Kopf. Da verspürte er erneut diesen unheimlich Druck auf seiner auf seiner Brust, in seiner Nase kitzelte es und er musste niesen. Durch diesen immer schwerer werdenden Druck bewegte er sich und schließlich fiel und fiel und fiel der Sergeant ins Bodenlose.

Sergeant Pepper erwachte, weil er beim aus seinem Bett fallen mit dem Kopf an seinen Nachtschrank gestoßen war. Während er noch halb benebelt versuchte, wieder zu sich zu kommen, sah er aus dem Augenwinkel, wie sein Kater sich auf seinem Kopfkissen zufrieden schnurrend zusammenringelte.

„Du olle, doofe Miezekatze! Hast wieder halb auf meiner Brust geschlafen und mich ständig mit deiner Schwanzspitze an der Nase gekitzelt!", schrie er wütend. „Ich hab ja gar keinen Heuschnupfen!" Und während er mit wild in der Luft herum fuchtelnden Bewegungen wütend den fauchenden Kater von seinem Kopfkissen vertrieb, setzte er nach. „Verschwinde ins Nebenzimmer auf die Couch, Frauchen ärgern, du Mistvieh! Sie ist schließlich selbst dran schuld, wenn sie jede zweite Nacht, nur wegen meines bisschen Schnarchens, unser Ehebett verlässt."

*ACME ist eine fiktive Firma, die dereinst von Cartoonisten von Warner Bros. erfunden wurde. Berühmt wurde sie vor allem durch die Cartoons von „Road Runner & Coyote".

***

Wie es zum Schulaufsatz kam
am 14./15.8.2020

Nach neuen Kurzgeschichten im Geist meiner Geschichtchen aus den 70er Jahren tippe ich jetzt, unbearbeitet bis auf die Rechtschreibung, einen Originaltext aus von 1977 ab.
In der 9. Klasse hatten wir für einen Schulaufsatz das Thema „beschreiben von Eindrücken" aufgehabt. Ich wusste zwar, wie man Eindrücke beschreibt, aber ich hatte keine Idee für ein Thema. Unsere Deutschlehrerin, Frau Emmler, eine tolle, ältere Dame mit roter Lockenmähne und einem großen Herzen, machte Vorschläge. „Beschreibt euren letzten Aufenthalt im Ferienlager, den Urlaub mit euren Eltern, wie ihr auch eure nächste Geburtstagsfeier vorstellt oder wie ihr eure Jugendweihe letztes Jahr verlebt habt." Frau Emmler hatte eigentlich immer gute Ideen. so legte sie in mir zum Beispiel den Samen dafür, mich mit Heimatgeschichte zu befassen, war sie doch die erste an unserer Schule, die uns im Unterricht, abseits des

staatlichen Lehrplans, über die Geschichte unseres Schulgebäudes und über unser Dorf Hohenschönhausen aufklärte. Aber ich wollte, bei einer Klassenstärke von damals etwa vierunddreißig Schülern nicht der vierunddreißigste sein, der von seinem Urlaub mit den Eltern an die Ostsee berichtet.

Vierzehn Tage hatten wir für den Aufsatz Zeit. Zwei Tage vor der Abgabe, meine Eltern waren übers Wochenende, mit meiner Keule zu Verwandtschaft an die ... Ostsee ... gefahren, begann ich, allein in der großen Wohnung, mit dem Text. Noch immer hatte ich keine Ahnung, wohin mich mein Text bringen würde. Ich ließ es erstmal laufen und erst während des Schreibens der ersten Zeilen entwickelte ich die Idee, dass ich genau das, was ich da gerade erlebte, beschreiben könne. „Beschreiben von Eindrücken beim Schreiben dieses Aufsatzes". Häufig mache ich das heute in meinen Romanen, dass ich wenn ich nicht wirklich weiter weiß, einfach mal die Zügel locker lasse und „es einfach laufen lasse", ich die Personen einfach agieren, oder reden lasse, mich im Text eine Weile treiben lasse und dann oft selbst überrascht bin, wohin mich das ganze geführt hat. Man muss das „laufen lassen", „sich treiben lassen" nur zulassen können. Und so war es hier in diesem Aufsatz. Ich ließ den Text einfach entstehen. Ich kritzelte ihn auch nicht auf Schmierblöcken erst einmal vor, um ihn dann in Schönschrift abzumalen, sondern der Text entstand, genau da, genau in dem Moment auf diesem Blatt. Ich hab ihn deswegen als Bildfolge am Ende dieses Bandes hier angehängt.

Es war auch nicht ganz ungefährlich, das wusste ich damals, diesen Text an einigen Stellen inhaltlich so zu schreiben. Es taucht darin nämlich eine Szene aus dem Karl May Roman „Im Tal des Todes" auf.

Das war damals gerade die Zeit, als im Westdeutschen Fernsehen die Karl May – Filme liefen. Zwar wurde in der DDR das Karl May Museum in Radebeul gepflegt, wir besuchten das auch während unserer Jugendweihefahrt *nach Dresden wenige Wochen später, aber die Romane von ihm, waren noch nicht offiziell erschienen. Allerdings hatte und habe ich noch besagten Roman, der 1928 in Frakturschrift verlegt wurde. Zehn Minuten brauchte ich damals zum Lesen einer Doppelseite. Karl May zu lesen, das wusste ich damals bereits, war damit in der DDR zwar nicht verboten, es war aber auch nicht sonderlich erwünscht, und wer etwas aus seinen Werken erzählte machte sich verdächtig, heimlich Westfernsehen zu sehen und das war nun wiederum unerwünscht.*

Ich formulierte den Aufsatz relativ flapsig. Als meine Eltern abends heim kamen und ich ihnen „mein Werk" zum Lesen gab, war ihre Reaktion nicht wirklich freundlich. Meine Mutter war mit dem Thema nicht einverstanden und mein Vater meinte, nur wenn die Paukerin sehr, sehr viel Humor habe, würde sie meinen Aufsatz halbwegs durchgehen lassen, aber ich solle mich besser auf harsche Kritik einstellen.

Frau Emmler hatte Humor!

In der Unterrichtsstunde, in der die Aufsätze ausgewertet wurden, zitierte sie aus den Texten einiger anderer Mitschüler und verwies auf „das hättest du ruhig noch ausbauen können", „dein Bruder hat hier vor zwei Jahren genau den gleichen Text abgeliefert", ... zu mir noch immer kein Wort ..., „dein Vater bekommt für diesen Text eine glatte eins, aber du hättest in deine Schönschrift andere Orthographiefehler einbauen sollen, als er dir vorgeschlagen hat", „Christina, auch wenn dein Aufsatz, wie all deine Arbeiten, wieder einmal perfekt ist, so hätte ich von dir doch mehr Kreativität bei der Auswahl des Themas erwartet" usw. usf. Damit verging die erste halbe Stunde. „Kommen wir nun zum Aufsatz von Rolf." Ich verschwand in meiner Schulbank hinter meinem Vordermann. „Willste dein Werk selber der Klasse vorlesen, oder darf ich das machen?", fragte sie mich, nahm meinen Aufsatz in die Hand und schlenderte gemächlich zu meiner Bank. Ich schüttelte heftigst den Kopf und stammelte unsicher ein „ich weiß nicht". Dann lehnte sie sich lässig an meinen Schreibtisch, ich saß in der rechten der drei Bankreihen, auf halber Höhe am Gang, drehte sich zur Klasse und mir ihren Rücken zu und begann zu lesen.

Dabei unterbrach sie sich selbst immer wieder, weil sie anfing, laut zu lachen. Die Klasse lachte mit. Am Ende sagte sie zu mir: „Ich wünsche dir weiter diese Kreativität. Mach auf jeden Fall mit dem Schreiben so weiter und lass dich damit niemals unterkriegen."

Das war das zweite Samenkorn, das Frau Emmler in mich pflanzte.

Ich hab beim Abtippen in den Rechner die Absätze wie im Original belasse.

***

Der Aufsatz

Rolf Gänsrich Klasse 9A Ausdruck am 4.6.1977

Thema: Eindrücke

Überschrift: Angst – oder – meine Eindrücke, Gedanken und Gefühle beim Schreiben dieses Aufsatzes

Gliederung:

1. eine schöne Einleitung
2. etwas über diesen Aufsatz
3. weitere Worte über diesen Aufsatz
4. meine ZeitvertreibWortzahl ist alles
5. Fast zu Ende
6. Thema verfehlt
7. Schlusswort

Oh, Junge, die Überschrift und den Grundgedanken dieses Aufsatzes habe ich mir schon überlegt. Trotzdem starre ich noch immer auf das weiße Papier mit seinen hässlich schwarzen Karos. Neunhundert Karos hat ein Blatt. Und alle sind noch unbeschrieben. Das Papier scheint mir nach Tinte zu lechzen, wie ein blutrünstiges Ungeheuer nach einem Opfer. Gierig lecken die Kästchen das eben Geschriebene auf. Ich kann mir auch den Vergleich mit einem Verdurstenden in der Wüste nicht verkneifen.

So ein blöder Aufsatz *(Kommentar Frau Emmler am Rande: achte auf den Ausdruck)*. Und dann hat man nur vierzehn Tage Zeit, um das Ding zu schreiben. Und ich Idiot *(Ausdruck)* habe mir auch noch so ein Thema ausgesucht, wo man von vornherein weiß, dass dabei doch nichts Gutes heraus kommt. Ich habe ja noch nicht einmal so viel (Grips) *(„Grips" wurde von mir an Ort und Stelle erst in Klammern gesetzt und dann mit Tintenkiller getilgt – ist aber im Laufe der Jahre auf dem Papier wieder aufgetaucht)* Geist, mir die einzelnen Teilüberschriften auszudenken. Am besten wäre ja, wenn ich überhaupt keine Teilüberschriften machen würde, aber das würde mir unsere Deutschlehrerin, Frau Emmler, bestimmt Übelnehmen, also werde ich es mit diesen geistverschlingenden, Letzteres besitze ich kaum, so machen, dass ich erst den Aufsatz schreibe und mir anschließend daran die Gliederpunkte ausdenken werde.

Ach, du liebe Güte. Da merke ich gerade, dass es schon 14.09 Uhr ist. Ich habe ja kaum noch Zeit. Und noch immer bin ich beim Vorschreiben. Und heute ist schon Samstag der 4.6.1977 *(wir hatten damals Samstags noch Unterricht bis 11.30 Uhr – meine Eltern waren dementsprechend vermutlich kurz nach 12.30 Uhr mit meiner Keule, nach dem gemeinsamen Mittagessen, ich tippte auf Spaghetti mit Schmalzfleisch und Reibekäse, losgefahren und ich hatte daraufhin den Text begonnen)*. Die gesamten zwei Wochen, in denen ich den Aufsatz hätte schreiben können, habe ich keinen einzigen Bleistiftstrich getätigt. Und morgen habe ich ebenfalls keine Zeit. Morgen fahren wir, unsere Familie, nach Mecklenburg. Für einen Tag. Da muss man ja schon um 6.30 Uhr aufstehen. Und das an einen Sonntag. Das ist ja so früh. Ich bin doch kein Frühaufsteher. Heute war ich ja schon müde genug. Den Wecker hatte ich schon überhört. Es war ein Glück, dass unsere junge Pudelhündin Bessy, wie fast immer, auf meinem Kopfkissen schlief und das Tierchen mich auch kurz nach dem Weckerklingeln weckte. Und zwar ist Bessy noch nicht ganz stubenrein. Und als dann das Kopfkissen heute morgen etwas feucht wurde, … …, na, den Rest kann man sich ja denken.

Aber ich bin vom Thema weg gekommen. Hätte ich den Aufsatz, so wie andere, nur schon früher geschrieben. Ich komme mir vor, wie ein Faultier unter lauter fleißigen Bienen. Ich könnte mich ärgern. Und ich tu es auch. Und zwar, weil ich den Aufsatz noch nicht fertig habe. Übrigens schreibt es sich auch auf diesem Papier sehr schlecht.

„Uff, Uff!", sprach Winnetou, als dieser hörte, dass sein weißer Bruder Sam Hawkins bei einem Steppenbrand in der Prärie sein Haartu..., oder heißt es Haartou... . Meine Gedankengänge sind mir selber schleierhaft. Ach was. Ich schreibe lieber irgend ein anderes Wort. Haartou... oder so weiter ist mir zu schwierig und ich bin auch zu faul, in einem Duden nachzusehen *(Kommentar Frau Emmler: „Ich tue es für dich: Haartoupet")*. Also schreibe ich lieber Perücke. … in der Prärie seine Ersatzhaare oder Perücke verloren hatte und diese dann verbrannt waren. „Uff, Uff!", könnte ich jetzt sagen, denn mir ist es durch dieses aufsatzfremde Gekrickel, oder durch diese Phrase gelungen, wieder vierundsiebzig Wörter hier unterzubringen. Ja, ja, so ein Aufsatz ist schon ein einziges Wörtersammeln, wie das Punktesammeln an einer Bude auf dem Weihnachtsmarkt, wo es Lose gibt. Nur dass man sich hier noch etwas einigermaßen Vernünftiges ausdenken muss Und das ist sehr, sehr schwer. Nicht zuletzt deshalb, weil ja der Aufsatz geschrieben werden muss Ich habe dagegen schon selbst einige utopische Schriften verfasst. Totaler Blödsinn und der größte Unsinn, den es gibt, aber ich muss so etwas ja nicht schreiben. Darum würde mir das Geschmiere daran gerade jetzt besonderen Spaß machen.

So, jetzt könnte ich den Aufsatz mit einem schönen Schlusswort abschließen, denn ich habe keinen Stoff mehr und aus dem linken Hemdsärmel kann ich so etwas auch nicht schütteln. Ich habe mich also bis hier hin so recht und schlecht durchgefressen. Mal sehen, vielleicht bekomme ich auf das Geschmiere hier noch ein „Genügend". Nur, das ist ja meine größte Sorge, und bei dem Gedanken daran wird mir schon ganz schwummerig in der Magengegend, ich habe ein so ungutes Gefühl, dass dieser Aufsatz vor der Klasse vom Lehrer als böses, abschreckendes Beispiel vorgetragen wird. Vielleicht habe ich auch das große „Glück" und „darf" ihn selber vortragen, diesen Aufsatz.

Höchstwahrscheinlich wird er die Unterschrift haben: „Thema verfehlt Hättest Du Dir nicht etwas anderes ausdenken können?" o.ä. Nein! Etwas anderes ausdenken hätte ich mir nicht können, denn ein altes, deutsches Sprichwort sagt: „Wer die Wahl hat, der hat die Qual." Ich hätte mindestens noch ein dutzend anderer Themen gefunden wie „Ein Winter im Harz", oder „Im Sommer an der Ostsee", nur hätte ich dabei noch viel weniger Stoff gehabt hierbei. Ich habe zwar Eindrücke und Vergleiche sehr selten aufgeschrieben, aber ich Faultier sage mir: Hauptsache, du hast den Aufsatz."
So, das muss reichen. Vielleicht bekomme ich keine 600 Wörter, wie von mir selbst gefordert, zusammen, aber ich habe einfach keinen Stoff mehr. Jetzt folgt das Schlusswort.

Und die Lehr von der Geschicht':
schreibe solchen Aufsatz nicht.
… sondern schreibe Kürzere.
Das hier ist also das Ende. Das Papier lechzt nicht mehr nach Tinte und meine Hand tut mir auch weh von diesem Gekricksel. Dies ist also der Schluss. *(Frau Emmler: Wiederholung)*.
Wortzahl: 878 - Rechtschreibung / Grammatik: 16 F = 3 – Inhalt 1 – Ausdruck 2 – Form 3 – Urteil 2

Sie hat sich den Aufsatz angeblich selbst noch mit ihrer Maschine abgetippt.

Aus dem Text erkennt man aber auch, dass ich überhaupt nicht selbstbewusst, sondern im Gegenteil eher verunsichert war und mir alles nur peinlich war.

Ich einige Blätter dieses Aufsatzes abfotografiert und hier mit hinten in schwarz/weiß angehängt.

***

Die etwas andere Geschichte Europas
oder
Was wäre, wenn die DDR-Revolution gescheitert wäre?
... nicht ganz ernst gemeinte Betrachtungen
am 26.6.2016 + 7./16.8.2020

Was wäre, wenn Günter Schabowski auf dieser legendären Pressekonferenz am 9.November 1990 die Berliner Mauer nicht versehentlich geöffnet hätte, fragen sich viele. Hier eine mögliche neue Geschichtsschreibung.

Donnerstag 9.November 1989 abends
Günter Schabowski hat auf seinem legendären Notizzettel nichts über eine „neue Reiseregelung" zu stehen. So wird auch nicht weiter nachgefragt.
Tagesschau und Berliner Abendschau berichten über den Kohlbesuch Polen. An den Grenzen zu Westberlin bleibt alles, wie es ist.

Freitag 10.November 1989
In einer Pressekonferenz wird eine Ausreiseregelung zur „ständigen Ausreise aus der DDR" verkündet.

Samstag 11.November 1989
Am morgen stellen sich hunderttausende Menschen bei den Meldestellen der Volkspolizei an, um ihre ständige Ausreise zu beantragen. Am Abend gibt es eine weiter Demo auf dem

Alexanderplatz, auf der die Menschen „wir bleiben hier" skandieren. Die DDR-Führung entscheidet sich noch nicht für die „chinesische Lösung".

Sonntag 12.November 1989
Die Berliner Mauer wird vor dem Brandenburger Tor durch randalierende Westberliner besetzt, die befürchten, dass durch die riesige Ausreisewelle, die sich anbahnt, ihre Lebenslage beeinträchtigt wird. Jetzt schlägt die DDR erbarmungslos zu. Schüsse fallen und es gibt mehrere Schwerverletzte auf beiden Seiten. Die westlichen Alliierten und die Sowjets greifen nicht ein.

Montag 13.November 1989
Wieder zieht es hunderttausende in den großen Städten der DDR auf die Straße. Jetzt wird die „chinesische Lösung" angewandt. Panzer der NVA fahren auf und schießen die Mengen zusammen.

Dienstag 14.November 1989
In der ganzen Bundesrepublik gehen die Menschen auf die Straße, um die Bundesregierung und die westliche Alliierten zum Eingreifen in der DDR oder wenigstens zu mehr Verhandlungen mit ihr aufzufordern.

Mittwoch 15. November 1989
Die Staatssicherheit schließt alle Kirchen. Alle DDR-Gegner kommen in sogenannte „Sicherheitslager".

Donnerstag 16. November 89
Erste Demos für ein geeintes Deutschland in Köln, Düsseldorf und Viersen.

Donnerstag 23.November 89
Erneut Donnerstags-Demos in Köln, Düsseldorf, Viersen und nun auch Hamburg, Bremen, Oldenburg.
In der DDR herrscht mittlerweile Friedhofsruhe.

Donnerstag 30 November 89
Weitere Bundesdeutsche Städte schließen sich den Donnerstags-Demos an. Erste Demos auch in den Niederlanden, Spanien und Frankreich für ein geeintes Europa.

Donnerstag 7. Dezember 89
Unruhen in West-Berlin. Menschen demonstrieren vor den Kasernen der Alliierten. Die Donnerstags-Demos finden in ganz Westeuropa statt.

ab Donnerstag 14. Dezember durchgehend Demos in West-Europa und nun auch in den USA, Japan und Südamerika bis zum 21.Dezember. Die Versorgungslage zum Weihnachtsfest wird prekär. Das Politbüro in Ost-Berlin fordert die Bürger der DDR auf, Care-Pakete in die Bundesrepublik und nach West-Berlin zu schicken.

Ab 22. Dezember 89 bis 2. Januar 90 vereinbarte Weihnachtsruhe mit den Demonstranten. Danach um so heftigeres Aufflammen der Demos, die nun auch auf Australien und Neuseeland übergreifen täglich.

Ab 3. Februar 90 wird die Versorgungslage in der westlichen Welt durch die andauernden Demos dramatisch. Die Sowjetunion und China liefern Mais nach Kanada, in die USA und West-Europa.

Ab 5. Februar 90, die Bundesregierung tritt geschlossen zurück und man beschließt Neuwahlen am 4. März 1990. In den folgenden Tagen geht die britische Queen ins Exil nach Israel. Weitere gekrönte Häupter tun es ihr gleich. Die westlichen Demokratien wackeln.
Weitere Demos in der westlichen und nun auch in der arabischen Welt. Iran und Irak beenden ihren Krieg und liefern Lebensmittel in die USA und nach Israel.

Ab 10. Februar 90 wackeln weitere Demokratien. Die täglichen Demos gehen weiter.

Bei der Bundestagswahl am 4. März 90 gewinnt ein Bündnis aus DKP, MLPD und KPD. Am Tag darauf beginnen Verhandlungen mit der DDR über eine deutsche Wiedervereinigung.

Ab 12. März kippt in den folgenden Monaten bis zum Ende des Sommers 1990 eine westliche Demokratie nach der anderen. Das geschieht teils durch linken Militärputsch, teils durch Anarchie, teils durch Wahlen, wie zum Beispiel in Frankreich und Italien, in denen Bündnisse aus Kommunisten und Sozialdemokraten gewinnen.

Am 1. Juli 90 wird in der Bundesrepublik die „Mark der Deutschen Notenbank", umgangssprachlich „DDR-Mark" eingeführt. Der Umtausch mit der D-Mark erfolgt im Verhältnis eins zu eins.

Am Sonntag 30. September 1990 gewinnt im bisher noch neutralen Österreich die Altruistische Pogopartei die kurzfristig angesetzten Wahlen.

Dienstag, 2. Oktober 1990, die Bundesrepublik löst sich auf. Ihre Bundesländer schließen sich der DDR an. Nachdem in der Nacht zum 3. Oktober 1990, Amerikaner, Briten und Franzosen ihr Militär aus West-Berlin abgezogen haben, marschiert die ruhmreiche Sowjetarmee in West-Berlin ein und die Stadt wird endlich vereinigt.

Am Sonntag den 7. Oktober, dem 41. Jahrestag der DDR, schließen sich Österreich, Liechtenstein, Andorra und die spanische Insel Mallorca der DDR an.

Ab 8. Oktober 1990 kippt eine westliche Demokratie nach der anderen quasi im Stundentakt. Die Länder, nun unter kommunistischer Führung, schließen sich dem RGW (Rat für gegenseitige Wirtschaftshilfe – Osteuropa-Pedant zur EU) und dem Warschauer Pakt an. Eine Elite US-Amerikanischer Kapitalismusgläubigen gelingt es jedoch auf die Insel Guam im Pazifik zu fliehen.

Am Ende des Jahres 1991 herrscht auf der Erde politische Totenstille. Auf der Insel Guam ist herrscht eine letzte kapitalistische US-Regierung. Taiwan hat sich freiwillig China angeschlossen. Der Nahostkrieg zwischen dem kapitalistischen Israel und dem fundamental-arabischen Palästina wird auch in den nächsten fünf Jahrzehnten weitergehen. Die Insel Pitcairn, einst Zufluchtsort der Meuterer der Bounty, auf der jetzt noch etwa fünfzig Menschen leben, ist das Zentrum und letzte Überbleibsel des britischen Empire.

Seien wir froh, das die Geschichte eine andere Wendung genommen hat.

***

Die Gurke
am 26.4.2012 und 16.8.2020

Ein Biologie-Student hat in der letzten Woche vor seiner wichtigsten, vor der Abschlussprüfung, etwas sehr viel Pech.
Seine Freundin brennt mit seinem besten Kumpel durch, sein Hund wird von einem Lastwagen überfahren, seine Miezekatze von netten Nachbarn „versehentlich" vergiftet, sein Hamster erschlägt sich bei der Arbeit mit seiner Bohnerkeule, seine Fische saufen das Aquarium leer, sein Gummibaum verliert die Blätter, sein Fahrrad hat einen Platten, seine Mutter, was für ein Wunder, vögelt nicht mehr seinen Professor, sein Vater wird plötzlich zum Hartz-IV-Empfänger und kann ihn nicht mehr unterstützen, so dass er

sich einen Job als Babysitter suchen muss und die Gören seines ersten Arbeitgebers, auf die er eigentlich aufpassen soll, verbrennen in der Heizung ihres Einfamilienhauses in einem unachtsamen Moment all seine Prüfungsunterlagen und es bleibt nur ein einziger Abschnitt unbeschädigt und das ist eine Abhandlung über Gurken.

Und vor diesem Hintergrund betritt nun unser Biologie-Student, mit dem bezeichnenden Namen „Paule Suppengrün" im großen Auditorium vor die Prüfungskommission.

„Hallo Herr Suppengrün. Dies ist ihre letzte, ihre mündliche Prüfung. Stehen sie uns nun Rede und Antwort!"
„Jawohl Herr Professor."

„Worin unterscheiden sich die Vögel am augenscheinlichsten von ihren Vorfahren, den Dinosauriern?"
„Ähm ... also ... die Dinosaurier kannten, im Gegensatz zu den Vögeln, noch keine Gurken."

„Ja, ja, junger Mann, so ganz falsch war das ja nicht. ... Na gut, dann stelle ich die Frage mal anders. Worin gleichen sich denn Vögel und Dinosaurier?"
„Na das ist doch einfach! Wenn ihnen schlecht ist, zum Beispiel weil sie so viele Gurken gegessen haben, bekommen beide eine gurkengrüne Gesichtsfärbung."

„Nun gut, wenn sie uns dazu nicht mehr erzählen möchten, kommen wir nun einmal zu einer Frage aus der Botanik. Erläutern sie uns doch einmal die gemeine Banane, lateinisch Musa normalis."
„Tja, ... ähm .... also ... die Banane ist eine krumme Frucht, genauso wie die Gurke. Die Gurke (Cucumis sativus) ist aus der Familie der Kürbisgewächse. Sie gehört zu den wirtschaftlich bedeutendsten Gemüsearten. Die

Gurke ist eine einjährige Pflanze, die niederliegend und kletternd wächst und dabei ein bis vier Meter lang werden kann. Manche Zuchtsorten wachsen wesentlich gedrungener und kompakter. Die ganze Pflanze ist borstig-steif behaart. Die Blätter sind gestielt und ebenfalls rau behaart. Die Blattspreite ist dabei 7 bis 18 Zentimeter lang und gleichmäßig breit. Der Blattgrund ist herzförmig, die Spreite fünfeckig mit spitzen Enden, leicht handförmig gelappt mit drei bis fünf Lappen. Der Blattrand ist fein gezähnt. In jeder Blattachsel entspringt eine unverzweigte Ranke."

„Tja, Herr Suppengrün, dass die Banane wie eine nichtgenormte Gurke krumm ist, weiß ja nun jedes Kind. Wie sieht es denn nun mit Äpfeln aus?"
„Äpfel sind sehr wasserreich, fast so wie Gurken und so wie sie gibt es vom Apfel verschiedene Sorten. Bei der Gurke unterscheidet man grob nach Salat-, Einlege- und Gemüsegurke und ..."

„Als Biologiestudent sollten sie aber mehr wissen. Na dann kommen wir mal zu den Nutztieren. Wie sieht es denn mit dem Hausschwein und dem Kaninchen aus?"
„Tja, also während dem Hausschwein gern auch mal Gurken zugefüttert werden können, sollte man Kaninchen möglichst wenig Gurke zum knabbern geben, weil sich an ihnen die ständig nachwachsenden Hasenzähne nicht genug abraspeln."

„Herr Suppengrün, was können sie uns über Pilze erzählen?"
„Nichts für ungut, Herr Professor, aber es gibt keine Pilzgurken."
„Können sie uns denn irgendetwas über die Flora oder Faune der Meere erzählen?"
„Ja, es gibt die Seegurke. Das ist aber keine Pflanze, sondern ein Tier, das nur wie eine Gurke aussieht. Die Gurke ist eine einjährige Pflanze, die niederliegend ..."

„Ja, ja, schon gut, Herr Suppengrün. Wir haben verstanden."
Es gibt wohl auch keine Gurkenbakterien oder Gurkenviren,
wenn ich mich nicht irre."
„Sie haben vollkommen recht, Herr Professor."

Der Professor tuschelt mit den anderen Prüfern, dann sagt
er: „Herr Suppengrün, sie haben die Prüfung bestanden.
Aber bitte nehmen sie entweder einen Job bei einer
Autobude als Testfahrer an, um mit deren neuen Gurken
herumgurken zu können, oder werden sie Betriebsleiter in
einem Landwirtschaftsbetrieb im Spreewald, in dem sie
Gurken einlegen können."

***

Gedanken
am 20.6.2011 *(die ersten sechs Zeilen)* + 16.8.2020

Ich flüchte mich ins Nebelreich
der eigenen Gedanken,
der Mond ist ohnehin schon bleich,
ich kenne keine Schranken.

„Schön," so sprach der Violist,
„dass das bei dir auch so ist."
„Das hat' ich mir auch gedacht
und sie deshalb umgebracht."

„Aber, liebes Männekin,
wo bringste dann die Leiche hin?"
„Ach, du weißt, im Mondenschein,
merkt ja sowas gar kein Schwein.

Siehst du dort die Bassgeig' stehn?
In ihrem Koffer müsst es gehen.
Ich war ja ohnehin betrübt,
weil sie so oft die Bassgeig' übt."

„Ach drum hast du sie umgebracht."
„Ja, ja, und das auch noch heut' Nacht.
Mit einem Liedchen auf den Lippen,
wollt' sie zum Spiele auch noch strippen."

„Also," sprach der Violist,
„Wenn das die ganze Sache ist,
kann ich's wirklich gut verstehn.
Du solltest jetzt wohl besser gehen."

Benebelt geht der Mann dahin,
die Bassgeig' nicht im Kasten drin,
sondern das Weiblein mit den Därmen,
die sein Fleisch nie wieder wärmen.

***

Prenzlauer Berg
(auf das Stück „New York City" von John Lennon)
am 25.8.08/9.3.09

Stehe an'ner Ecke
In der Schönhauser Allee
Bei Konopke nach'ner Currywurscht an
Da kommt'n Typ
Mit'ner Gitarre in der Hand
Und fragt mich, ob ich ihm'n Euro geben kann!

Er sagt, er heißt Trurly-Curlie
Und war in einer Band
Aber die Gäste, wo sie spielten, die wollten sie mal einfach
so verhauen
Und nun denkt er
Er schnorrt mich lieber an
Als im Supermarkt Fischbüchsen zu klauen

Und dann spricht er von Henrike
Und dem Duo, was die haben
Am Klavier dort da sitzt die swingende Katrin an den Tasten
Wenn ich ihm nicht bald
Meinen Extra-Euro gebe
Dann wird er wohl heute noch fasten

Gegenüber seh ich Micha
Deshalb schick ich Trurly-Curly
Mit'nem Euro und'ner Flasche Wein rüber,
Der Blick von Trurly-Curly
Wird starr vor lauter Wonne
Und am Abend sind die beiden hinüber!

***

Selbstzerstörerische Weiten …
Rolf Gänsrich 23.5.2014

Seit Jahren allein. Seit Jahren nichts mehr gefühlt.
Seit Jahren geglaubt, die Depression im Griff zu haben.
… pure Lüge … Selbstbetrug …
Die Depression hat mich im Griff. Keine echte Freude mehr.
Keine Weiterentwicklung.

Und dann taucht plötzlich sie auf. Ist in meinem Leben.
Öffnet mir Horizonte. Ich glaube, plötzlich glücklich zu
sein. Aber die Wahrheit ist, ich leide noch mehr.
Meine Depression hat mich fester im Griff denn je.
… und ich tue alles, wirklich alles, um überhaupt wieder
irgend etwas zu fühlen.
Ich suche Liebe.
Aber das einzige, was ich noch fühlen kann, in meiner
teuflischen Depression, ist Schmerz. Und ich fordere den
Schmerz heraus. … ich suche ihn regelrecht …kann nicht
davon lassen …will ihn … weide mich daran und suhle mich
mit Schmerz im Schmerz.

Und ich zerstöre das gute Verhältnis zu ihr, vertreibe sie aus meinem Leben.

Ich will sie … ganz … und gar nicht!

Ich will nicht sie.

Ich will sie nicht vertreiben.

Ich will den Schmerz.

Der Schmerz, das einzige Gefühl, das ich noch zu fühlen glaube... wie eine Sucht, die dich zu ertrinken sucht und an der du dich dennoch fest hältst … weil du glaubst, das würde dir helfen. Wozu noch professionelle Hilfe, wenn du die Lösung schon gefunden glaubst.

… selbstzerstörerischer Schmerz …

Ja, ich bin ein Lügner vor dem Herren!

Ich hab mich selbst belogen!

Drogenabhängige tun alles, aber auch alles, um ihr Suchtmittel zu bekommen!

Ich bin süchtig nach Schmerz. …. mehr …. mehr ….. MEHR!!!

… und dafür bin ich bereit, zu lügen und zu betrügen, andere Menschen zu schädigen, mich zu schädigen …

Bitte! Bitte!

Bitte gebt mir mein Gefühl!

Bitte gebt mir meinen Schmerz!

… selbstzerstörerische Weiten …

Und ich verfluche das Papier, das mir meine Selbsterkenntnisse vor Augen führt und fühle gleich wieder diesen wunderbaren, ach so angenehmen Schmerz.

***

Der Bauer ist erfrischend heiter,
fällt der Städter von der Leiter.

Seltsame Momente
am 25.2.2011 + 16.8.2020

Es gibt so seltsame Momente, da möchte man eigentlich nur noch ... zuschlagen, ausrasten, wegrennen, in die Luft gehen ... alles gleichzeitig.
Ich für mein Teil bin es gewohnt, selbständig zu arbeiten, zu handeln und zu denken.

Zum Jahresanfang 2011 landete ich dank Jobcenter in einer sogenannten „Beschäftigungsgesellschaft". Erst zwei Wochen lang Aquarellbildchen malen, dann vier Wochen lang ein PC-Grundkurs für Leute wie mich, so ab fuffzich-plus.
Da merkte ich: es gibt Menschen, die müssen einfach arbeiten, malochen. Ohne dem, gehen die ein. Sie brauchen jemanden, der ihnen täglich eindeutig sagt, was sie zu tun haben, wann sie es zu tun haben, mit wem sie es machen und was sie zu lassen haben. Und dabei müssen sie auch regelmäßig kontrolliert werden, denn ohne Kontrolle denken sie plötzlich allein und glauben, nun Unfug machen zu können.
Ja, der Spruch meiner Uroma: „Narrenhände beschmieren Tisch und Wände." hat seinen Wahrheitsgehalt seit über hundert Jahren nicht eingebüßt.

Auch für Arbeitspausen brauchen sie klare Anweisungen in wenigen Worten. Haben sie diese verstanden, haben sie sie auch verinnerlicht und halten sich gnadenlos an sie, ganz gleich, wo man in der Arbeit gerade steckt. Da wird der Hammer mitten im Schlag fallen gelassen, der Dozent mitten im Satz unterbrochen und der Sitznachbar gnadenlos beiseite geschoben: Jetzt ist schließlich Pause!

Es gibt Menschen, die brauchen ganz, ganz klare, ganz, ganz einfache Anweisungen. Fehlen diese, berichtet man dem Banknachbarn, egal, ob der das hören will, oder nicht,

von seinem harten Morgenstuhl, dass man nach zwei Glas Bier besser rülpsen kann, als nach einem, dass man auf „dicke Titten bei den Weibern" steht und dass die Nippel der Dozentin jetzt wohl gerade stehen.
Männer sind Schweine!

Aber auch ganz klare, simple Anweisungen können von diesen Menschen oft nicht immer nachvollzogen werden, wenn sie selbständig denkend durchgeführt werden müssen.
Auftaktfrage des Typen hinter mir am ersten Montag der dritten Woche PC-Grundkurs erfolgte auf die klare Anweisung des Dozenten:

Dozentin: „Sie führen jetzt mit der Maus ihren blinkenden Kursor von der Bildschirmmitte an den linken unteren Bildschirmrand und klicken einmal auf das blaue Symbol mit dem „W" für das ‚Wordprogramm'!"
Banknachbar: „Meinen sie jetzt links von ihnen aus oder links von mir aus?"
Dozentin: „Von ihnen aus gesehen. Schreiben sie auf das nun erscheinende Dokument das Datum in die rechte obere Ecke!"
Banknachbar: „Das geht doch gar nicht!"
Dozentin: „Wieso?"
Banknachbar: „Na so weit reicht das Blatt ja nicht!"
Dozentin: „Warum!"
Banknachbar: „Na weil der rechte Rand von dem Blatt ja gar nicht zu sehen ist!"
Dozentin: „Ist denn das Fenster bei ihnen nicht optimiert?"
Banknachbar: „Welches Fenster?"
Dozentin: „Das, in dem das Word-Dokument erscheint!"
Banknachbar: „Welches Word-Dokument?"
Dozentin: „Ich habe ihnen doch schon mal gesagt, sie sollen die Programmfenster immer optimieren!"
Banknachbar: „Ist das das Viereck mit der einen dicken Linie oben rechts neben dem Kreuz?"
Dozentin: „Genauuuuu!"

Banknachbar: „Na das lasse ich mir doch bei mir immer klein, weil ich sonst die anderen großen Symbole auf dem Bildschirm nicht mehr sehe!"

Nachdem Paule Patzig, Alfred Fredo, Peter Pank und Ulli Rieke gleichfalls signalisiert haben, dass ihre Fenster „irgendwie anders aussehen" und die Dozentin nun in freundlichen Einzelunterricht übergeht, um jedem individuell zu erklären, wie man ein Windows-Fenster optimiert, schaut mein Banknachbar auf seinem PC, tonlos, Hardcore-Pornos und lässt sich davon auch nicht stören, als die Dozentin eine Bank hinter uns, neben dem Stuhl von Theodor Tiger steht, um dem kurz eine Einweisung zu geben.
Und da macht sich bereits Paule Patzig bemerkbar: „Jetze is Pause!" und stürmt aus dem Raum. Während die Dozentin nun noch, in der Pause, Alfons Alfonso das maximieren eines Windows-Fensters erklärt, erklärt mir mein Banknachbar, bis ins Detail genau, wie man sich illegal Spielfilme und Pornos aus dem Netz lädt.
Komisch, das weiß er.
Wie gesagt, die meisten brauchen richtige Regeln. Nur so funktionieren sie.

***

Voll toll!
am 4.11.09

Mein Gott, was ist das für ein Wetter draußen! Gestern Regen, vorgestern Nebel, heute Schnee, morgen Graupel.
Wer da keine volle Depression bekommt ist selber schuld.
Und da fragt mich Heike neulich, ob es mir mit meinen Pillen, meinen Anti-Depressiva, besser geht, als ihr. Nööö, eigentlich nicht wirklich, sagte ich ihr und malte mir aus, wie es mir ohne diese chemischen Bomben ginge.

Nicht mal mehr meine beste Freundin Antje hat für mich mehr Zeit, seit sie mit ihrem neuen Matthias, dem Matze, zusammen ist. Verstehe ich nicht! Wie kann man mit'nem Kerl glücklich sein? Kerle wollen doch immer nur das eine! .... und das den ganzen Tag!
Antje ruft nicht an, ihre Emils sind kurz. ...
Schön, wenn sie jetzt glücklich ist. Ich bin es nicht!

Meine Kumpeline Tina hat nun endlich Arbeit. Früher schimpfte sie auf die, die noch Arbeit hatten. Angeber seien das und glatt gebügelte Fatzkes. Heute schimpft sie auf die faulen Arbeitslosen und was für ein zwielichtiges Gesindel das sei. Und Zeit hat sie nun auch nicht mehr. Vor ihrem Job konnten wir wenigstens eine Stunde pro Tag telefonieren. Jetzt hab ich endlich eine Flatrate und sie ihren Job. ... Na prima.
Vielleicht sollte ich bei diesem Schneefall eine CD mit Weihnachtsmusik auflegen? Bing Crosby – I'm dreaming of a white christmas .... Aber das ist Anfang November eigentlich schon pervers.
Ich könnte auch einen Text gegen die FDP schreiben? Aber die bietet derzeit ja auch keinen Anlass. Seit Westerwave Vika der Bundeskanzlerin ist ... also Vizekanzler und seit er Außenminister ist, seit dem gibt die FDP keinen Anlass mehr zur Satire. Ein Trauerspiel das ganze. ...
Scheiß Depression!
Aber, wenn die FDP jetzt wieder Lustig wird und Spaß-Guido auftaucht, das wäre dann doch die Möglichkeit!
Ja, ich brauche einen Job in der FDP! Und schon bin ich meine Depressionen los!
Tina wird sich wieder in mich verlieben, Antje ihren Matze verlassen ... und in sechs Monaten ist sowieso Frühling! ...

***

Die Hühner sind erstaunlich schnell
Will ihnen die Bäuerin ans Fell.

Wie wichtig wichtige Leute sind

am 6. / 7.11.2014

Mein Alex-Radiokumpel Jens musste vor kurzem mit seiner Sendung kurzfristig seine Ein-Stunden-Sendung um zunächst offiziell 30 min verkürzen, aber er kam dann letztendlich nur noch auf ganze zehn Minuten Sendezeit, weil die Veranstalter „ein wenig" überzogen.

Jens, der ja von sich aus auch schon sehr wichtig ist, glaubt er, war entsprechend entrüstet. Ich versuchte ihm dann zu erklären, dass zeitliche Überziehungen bei Live-Veranstaltungen, die primär als Liveveranstaltung und nicht wie z.B. meine Crazy Words als Hörfunksendung angelegt sind, normal ist, oder? Sah man ja beispielsweise bei Thomas Gottschalk und „Wetten dass ...." Da waren ja alle wichtig, glaubten sie. Thomas Gottschalk war es, seine „Promis" waren es, ... nur der entnervte und gelangweilte Zuschauer und die Financiers, also der geneigte Gebührenzahler, der Zuschauer, schien bei all dem unwichtig zu sein.

Bei großen Veranstaltungen wollen alle, die glauben, wichtig zu sein, etwas sagen. Die meisten halten sich dann aber nicht an "in der Kürze liegt die Würze", sondern sie glauben, dass sie wichtig sind und dass sie deshalb wichtige Sachen sagen und dass das alles darum sehr wichtig ist, egal wie langweilig das ist, was sie sagen.

Und wenn der und der was sagt, dann muss der andere und die andere auch noch was sagen dürfen.

Außerdem ist es in Berlin chic grundsätzlich zu spät zu Veranstaltungen zu kommen, denn nur so fällt man auf und fühlt sich deshalb wichtig, weshalb der Veranstalter von vorn herein mit dem akademischen Viertel an Verspätung seine Veranstaltung beginnt.

Bei allem voraus berechneten Timing, hakt dann hier mal ein Mikrofon, oder einer der wichtigen Leute bekommt nicht mit, dass er jetzt seinen Tomatensalat aufsagen darf, wodurch sich alles weiter verzögert.

Der Veranstalter ist außerdem fürchterlich überrascht, weil es plötzlich Applaus vom Publikum gibt, denn damit hat, rein zeitlich, ja nun niemand und nicht mal das applaudierende Publikum selbst gerechnet.
Und dann, dann ... genau dann .... wenn alle hoffen, der schlimmste Teil der Veranstaltung sei überwunden, genau dann kommt dieser fiese Wurm der sich in den Übertragungsleitungen des Senders festbeißt. "Also bitte, Herr Medizinalrat, könnten sie das ganze nochmal ... für unsere Hörergemeinde .... jaaa ... alles was sie in der letzten halben Stunde gesagt haben, nochmal, so zusammengefasst .... für die Hörer!"

„Wichtig" sind Leute mit Starallüren. „Verdammte Scheiße, ich hatte doch extra gesagt, dass ich nur einen und nicht zwei Eiswürfel in mein stilles Mineralwasser hinein haben will!"
Wichtig sind Leute mit großen, lauten Autos, damit sie nicht zu überhören und zu übersehen sind. Und ganz wichtig sind die Leute, die sich in den Arm oder ins Bein des angeblichen Stars festbeißen.

Die wirklich wichtigen Leute haben all das natürlich nicht nötig. Sie sind einfach da, haben keine Allüren und menscheln sehr. Sie sind mir am liebsten.

***

Säuft der Bauer mit dem Specht,
ist dem Specht am Morgen schlecht.

Frühstück mit Kay-Sölve
am 15.12.2013 (*die ersten sechs Zeilen*) + 16.8.2020 (Rest)

Als Single hat man jede Mahlzeit mit einer anderen schönen Frau gemeinsam! Mal ist es Kay-Sölve Richter, mal Yve Fehring, mal Christina Ungern-Sterberg, mal Susanne Daubner und mal ist es Judith Rakers!

„Guten Morgen Kay-Sölve"
„Guten Morgen!"
„Siehst ja heute wieder gut ausgeschlafen aus."
„In der Bundeshauptstadt Berlin kam es gestern zu einem Zwischenfall …"
„Mh, die Mortadella ist ja einfach lecker ..."
„... bei dem fünf jugendliche Randalierer einen Großeinsatz der Berliner Feuerwehr auslösten, als sie einer streunenden Katze den Schwanz anzündeten. Die Jugendlichen wurden inzwischen von der Berliner Polizei wegen Tierquälerei festgenommen."
„Also dein Pony wippt heut wieder neckisch... . Und die neue Brille steht dir auch, Kay-Sölve."
„Einen Selbstmordanschlag gab es gestern in Tel Aviv. Meine Kollegin Britta Hilpert ist vor Ort."
„Guten Morgen Britta!"
„Der Anschlag ereignete sich mitten im Berufsverkehr auf einer Hauptgeschäftsstraße...."
„Boah! Die Leichen sehen ja aus wie frisch vom Barbecue-Grill. Ihgitt … und diese olle Jagdwurst hier hätte ich mal besser auch gegrillt."
„... Ein Bekennerschreiben liegt noch nicht vor."
„Danke Britta!"
„Danke Britta."
„Kommen wir nun wieder zurück nach Deutschland. … "
„Ja, diese einheimische Erdbeermarmelade schmeckt ja auch einfach am besten."
„...kam es in München zu einer Demonstration von etwa zwanzig Berlinern, die wegen der vielen

Gegendemonstrationen durch ein Großaufgebot der Polizei geschützt werden musste."

„Mein Kaffee schmeckt heute wieder einmal wirklich erbärmlich. Du hattest sicher besseren heute, Kay-Sölve."

„Kommen wir kurz zur Börse. Die Siemensaktien ..."

„Also meine Börse ist immer leer! ... Immer leer!"

„Das Wetter: teils heiter, teils wolkig, teils dichter Regen. ..."

„Prima, das Ei war wenigstens weichgekocht."

„Die nächste >heute-express< gibt es in einer halben Stunde. Bis nachher."

„Bis nachher zum Brunch, Kay-Sölve."

***

Demokratie
am 22.8.2020

Demokratie ist, wenn du weißt, daß du jeden Abend deinen Schlafplatz in deinem zuhause hast und daß du nicht mal nach gutdünken von Sicherheitskräften irgendwo hinter Gittern landest.

Demokratie ist, einen fairen Prozess zu bekommen, wenn man mal was angestellt hat.

Demokratie ist, in der Öffentlichkeit das laut sagen und schreiben zu dürfen, was du in einer Diktatur nicht mal leise zu denken wagst.

Demokratie ist, sich seine Regierung wählen zu dürfen.

Demokratie ist, mit unseren Volksvertretern diskutieren zu dürfen, ohne Angst davor zu haben, dafür eingesperrt zu werden.

Demokratie ist eine ziemlich coole Sache!

***

Weihnachtstraum
am 23.12.2018

Die Kerzen leuchten still am Baum.
Der ist ein einz'ger Weihnachtstraum.
Die Elfen und die kleinen Feen,
nicht nur die, werden um ihn stehn,
und lauschen still den heil'gen Weisen,
gehen' in Gedanken auf die Reisen.
Freun' sich auf eine bess're Welt,
wo Gleich und Gleich sich gern gesellt.

***

Ein Glas Bier – eine Verabschiedung auf der Bühne
am 25./26.4.2010

Paarbildung
a) - Muss man denn nun schon morgens ...? Also ich weiß
nicht ... ! Es gibt ja Leute, die können das gleich früh, ...
noch vor dem Frühstück! Aber ich könnte es nicht! Das geht
doch auch Abends, oder? Da schmeckte es doch viel
besser .... wegen der Promille und so. ....
b) – Das ist es ja. Das einzige, was mich am Bier eigentlich
stört, ist der Alkoholgehalt. Und ein Alkoholfreies schmeckt
ja doch nur nach Brotbrause. ... und das könntest du dann
auch morgens...
a) – Muss man denn schon morgens ... ? Also ich weiß nicht
...!
c) – Inspiration und Energie,
          sprach der Künstler,
          hab ich nie!
d) – Na du willst mir doch nicht weiß machen, dass du keine
Energie hast, bei dem, was du alles machst. Dir fehlt doch
nur noch der rote Kupferkopf, damit man dich nicht
Duracell nennt.
e) – Habe letztens wieder mal ein paar Texte von Kurt

233

Tucholsky gelesen.

f) – Ja, der hatte es echt gut drauf! Der haut einem die Pointen um die Ohren, an Stellen, an denen man fast immer nie damit rechnet.

e) Ja, so auch aus dem Text „ein Wirtshaus am Spessart" aus dem Jahre 1927! Da meint er an der einen Stelle, Zitat: „Der schönste Schmuck für einen Frauenhals ... ist ein Geizkragen"!

b) – wir wollten doch jetzt irgendwas machen!

d) – ich glaube, es war verabschieden!

f) – und einen guten Heimweg wünschen

Alle durcheinander:

Tschüßie, bye bye, see you later, servus, ... etc

***

Bisher sind von mir erschienen – Buchtitel - Kurzinhalt

"Still gestanden! Die Augen links! - mein geheimes NVA-Tagebuch" - autobiografisch – in ein kleines A6-Heftlein hab ich während meines Grundwehrdienstes in der NVA 1985/86 Kurznotizen geschrieben, aus denen ich 2004/05 eine Radioserie machte, aus der ich 2019 ein Buch strickte

"Sommer – zwischen Backhaus und See – Kindheitserinnerungen" - autobiografisch – es sind meine großen Ferien, die ich in der Kindheit in Mecklenburg verleben konnte.

"Kaufhallengeschichten – Hundegeschichten – Radiogeschichten" – autobiografisch – Jahrzehnte lang war ich im Einzelhandel angestellt und wurde dort letztendlich hinaus gemobbt – weil das Ende so traurig war, hab ich die Geschichten über unseren Familienhund, so sie mir noch nach über dreißig Jahren eingefallen sind, mit dran gehängt, denn allein hätten sie nicht für ein Buch gereicht, aber auch diese endeten traurig, weshalb ich dann die

Radiogeschichten mit anhängte, denn seit 1995 mache ich öffentliche Sendungen und dabei ist einiges Lustiges und Bemerkenswertes passiert. Gleichzeitig erzähle ich darin, wie es zu meinen Stadtführungen und zu meinen Lesungen kam und wie diese strukturell aufgebaut sind. ... letztendlich ist doch alles nur Radio ...

"Zwanzig Fässer Sauerkraut – Teil 1 – Aufbruch in Berlin 1750" und „Zwanzig Fässer Sauerkraut – Teil 2 – zwischen den Fronten, zwischen den Indianern" - in dieser Trilogie (der 3. Band ist in Arbeit) geht es um einen Krämerlehrling aus Berlin, den es nach Nordamerika verschlägt. Mit dabei hat er immer frisches Sauerkraut, das ihm als Handelsgut dient. Seine einstige Magd folgt ihm. Sie treffen auf Leute wie Daniel Boone, leben erst in den Alleghanny's, fliehen dann aber vor dem Krieg zwischen Engländern und Franzosen nach Westen in die Prärie, während es einen ihrer Freunde in die Karibik verschlägt.

„Die weiße Hand im schwarzen Käse - From the Stage" Kurztexte und Gedichte von A – Z - Band 1 - die ersten 100 Texte von A – M" ist der Vorgänger hiervon.

In Arbeit geht nach diesem Band hier: „O.K.beat – Radiotexte" und meine Texte aus den Prenzelberger Ansichten

***

Ick gloob – erstes Textstück.

Der Aufsatz auszugsweise im Original, allerdings nur s/w
nächste Seite

Name	Klasse	Unterrichtsfach	Datum
Ralf Sausnick	9a	Ausdruck	4. 6. 1977

Thema: Eindrücke

Überschrift: siehe , oder: Meine Eindrücke, Gedanken
und Gefühle beim Schreiben
dieses Aufsatzes

Gliederung: 1. Eine schöne Einleitung
2. Etwas über diesen Aufsatz
2.1. Weitere Wörter über diesen Aufsatz.
2.2. Keine Zeit
2.3. Wortzahl ist alles
2.4. Fast zu Ende
2.5. Thema verfehlt
3. Schlußworte

R. Hansnich   9a

Oh, junge. Die Überschrift und den Grundgedank[en]
dieses Aufsatzes habe ich mir schon überlegt. Trotz[dem]
starre ich noch immer auf das weiße Papier mit
seinen häßlich schwarzen Karos. Unhundert Ka[ros]
hat ein Blatt. Und alle sind noch unbeschrieben.
Papier scheint mir nach Tinte zu lechzen, wie e[in]
blutrünstiges Ungeheuer nach einem Opfer giert, le[ckt]
die Kästchen das elend geschriebene auf. Ich kann
mir auch den Vergleich mit einem Verdurstenden u[nd]
einer Pfütze nicht verkneifen.

So ein blöder Aufsatz. Und dann hat man nu[r]
vierzehn Tage Zeit, um das Ding zu schreiben. Un[d]
dies habe mir auch noch so ein Thema aus[ge]sucht, wo man von vornherein weiß, daß d[a]
doch nichts gutes herauskommt. Ich habe ja
nichteinmal so viel (solche) Geist mir diese sel[bst]
Teilüberschriften auszudenken. Am Besten wäre [es]
wenn ich überhaupt keine Teilüberschriften machen w[ürde]
aber das würde mir unsere Deutschlehrerin, Frau E[...]
bestimmt übelnehmen, also werde ich es mit
Geistesverschlingerolen, letzteres besitze ich kaum
machen. daß ich erst den Aufsatz schreibe
und mir anschließend daran die Gliederp[...]
ausdenken werde.

...als schon ein ewiges Wiederansammeln
das Punktesammeln an einer Bude auf dem
Weihnachtsmarkt, wo es lose gibt. Nur d...
sich hier noch etwas einigermaßen Vernünf...
ausdenken muß. Und das ist sehr, sehr sch...
Nicht zuletzt deshalb, weil ja der Aufsa...
schreiben werden muß. Ich habe dagegen
selbst einige utopische Schriften verfaßt. To...

*) Ich tue es für dich. Haartoupet!

Und die Lehre von der Geschichte!
Schreibe solche Aufsätze nicht.
Sondern schreibe kürzere.
Das hier ist also das Ende. Das Papier riecht
nicht mehr nach Tinte und meine Hand hat mir
auch weh von diesem Geschreibsel. Dies ist also der Schluß!

Wortzahl: 878   Rechtschr./Gramm: 16P= 3
Inhalt: 1   Ausdruck: 2
Form   :   3   Urteil : 2 ½

***

Daten
Texte zusammengestellt bearbeitet und zum Teil beendet
vom 26.7. - 17.8.2020
Texte vervollständigt und neu geschrieben 18. - 22.9.2020,
Rechtschreibprüfung 22.8.2020,
Nachbearbeitung + Bilder einfügen 23. - 26.8.2020
Datenübermittlung an den Verlag: 27.8.2020

EVP 8.99 €

9 783751 993746